はじめに

　昭和29年生まれの同級生の手記を中心に昨年8月に刊行した『渥美半島の昭和』は、田原市内外の多くの方々に読んでいただき、続編を望む声が寄せられるなど好評でした。戦後間もない頃についても、もっと知りたいという声をいただいたことは、当時を知る方々が健在のうちに記録しておかなければと新たな使命感を感じました。

　今回の『渥美半島の戦後』は、先回十分に集録しきれなかった戦後の渥美半島のくらしについて、諸先輩方に貴重な体験を快く綴っていただき発刊することができました。

　昭和20年代の日本は、終戦直後の緊迫した食糧難や混乱から、昭和25年に始まった朝鮮戦争の特需により復興の道をようやく歩み始めました。戦時中の都会からの疎開、戦後の引揚者や復員兵などで渥美郡の人口は急増しました。本書には、都会からやって来た食糧買出し、進駐軍の駐屯、新制中学校の建設、農地開拓、農家のイモ景気、豊漁が続いた地引網など、当時のくらしの様子を幅広く収めることができました。

　亀山小学校に勤務していた小久保豊氏が、昭和61年に地域教材として作成された「西山の開拓」も巻末に収録させていただくことができました。これは、陸軍伊良湖試験場跡に終戦直後から入植し、苦難の末に開拓された8名の方々の体験談を記録した渥美郡の貴重な歴史資料です。

　昭和30年代に入ると、「もはや戦後ではない」と言われるほど、日本経済はめざましい高度成長の時代を迎え、後半には白黒テレビ・冷蔵庫・洗濯機などが渥美郡の家庭にも急速に普及していきました。牛車や木炭バスが通っていた砂利道を、耕耘機やホンダカブが行き交うようになり、やがてマイカー時代が訪れ、水溜まりのあった砂利道はアスファルトの舗装道路に変わっていきました。豊川用水が完成した昭和43年には、日本は世界第2位の経済大国にまで発展を遂げていったのです。

　私たちは、親や祖父母たちの世代が歩んでこられた昭和の時代を若い世代に伝えるとともに、渥美半島の歴史と文化を市内外へ広く発信したいと思います。

　本書では鈴木政一（1915～1991）氏が残された戦後の田原市の貴重な写真を数多く使わせていただいています。政一氏は大正4年に田原町殿町で生まれ、幼少期より写真撮影に興味を持ち、昭和8年（1933）から田原町内の風景や生活を撮影されました。また、本文中の出典のない写真については、執筆者から原稿とともに提供いただいたものです。

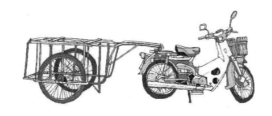

2023年6月
渥美半島の昭和を記す会

1

昭和	西暦	渥 美 郡 の あ ゆ み
19	1944	B29爆撃機による日本本土空襲始まる（6月）　東南海地震発生（12月）
20	1945	三河地震発生（1月）　怒部隊が渥美半島に駐屯（4月） 米艦載機P51が渥美線電車を襲撃（8月） 太平洋戦争（大東亜戦争）終戦（8月）　買出し部隊が渥美半島に殺到
21	1946	西山地区の陸軍伊良湖試験場跡地開墾開始（5月） でんぷん工場が各地に新設
22	1947	日本国憲法施行（5月）　6.3.3制教育実施（3月） 新制中学校設立（4月）　野田保育所開設（5月）　学校給食開始
23	1948	田原町に自治警察署設置（3月）〔昭和29年まで〕 成章中学校（5か年修業）が愛知県立成章高等学校になる（4月） 保育園設置　堀切地区で電照菊栽培始まる　伊良湖避難港工事始まる 福江女子実業学校が福江高等学校になる
24	1949	農林省が豊川用水事業に着手（宇連ダム建設工事始まる）
25	1950	朝鮮戦争勃発（6月）　豊川用水起工式（12月） サトウキビ栽培ピークに　表浜で機械船を導入
26	1951	愛知県立渥美農業高等学校開校（4月） サンフランシスコ平和条約、日米安全保障条約調印（9月）
27	1952	高松一色地区で畑地灌漑事業実施（10月）〔昭和30年まで〕
28	1953	13号台風襲来（9月） 石門―骨山―恋路ヶ浜―伊良湖港の観光道路開通（9月） 表浜の地引網不振に　赤羽根漁港整備工事に着手
29	1954	田原ホテル開業（3月）　神武景気が始まる（12月） サツマイモでんぷん製造やマオラン栽培活況に
30	1955	田原町・神戸村・野田村が合併し新田原町が誕生（1月） 福江町・伊良湖岬村・泉村が合併し渥美町が誕生（4月） 大相撲吉葉山一行の興行（10月）　高度経済成長期に入る
31	1956	農林省の伊良湖開拓事業（西山開拓）完了（9月） 日本が国連加盟（12月）　経済白書「もはや戦後ではない」と規定
32	1957	ソ連人工衛星打ち上げ成功（1月）
33	1958	赤羽根村が赤羽根町に（1月）　「月光仮面」放映（2月） 田原町役場が南番場の現在地に移転（5月） 動力耕耘機が普及し始める　テレビ受像機を持つ家庭が増えてきた
34	1959	『週刊少年マガジン』『週刊少年サンデー』創刊（3月） 伊勢湾台風来襲（9月）　プロパンガスが各家庭に普及し始める
35	1960	白谷トンネル開通（5月）　カラーテレビ本放送始まる

36	1961	渥美フラワーセンター開園（2月）　六連久美原でプリンスメロンを導入
37	1962	第1次農業構造改善事業開始（5月）　田原町に集中豪雨（7月） 神戸中学校と同六連分校廃止し東部中学校開校（10月）
38	1963	伊良湖港完成（3月）　田原警察署が現在地に新築移転（4月） 白木屋スーパーマーケット開店（12月）　蔵王山吉胡側観光道路完成
39	1964	名神高速道路開通（9月）　東海道新幹線が開業（10月） 東京オリンピック大会開催（10月）　蔵王山展望台完成（10月） 伊良湖－鳥羽間フェリーボート就航（11月）　渥美たくあんが活況
40	1965	伊良湖海水浴場オープン（7月）
41	1966	片浜海水浴場が港造成のため閉鎖（7月） 集中豪雨が発生し大きな被害（10月） カラーテレビ、カー、クーラーが新三種（3C）の神器となる
42	1967	田原湾埋立工事の起工式（1月） ダイヤル式黒電話が普及し自動化（2月）
43	1968	田原北部小学校と田原西部小学校が統合し童浦小学校に（4月） 東名高速道路開通（4月）　豊川用水が完成し全面通水（5月） 伊良湖ビューホテルオープン（5月）

昭和31年当時の渥美郡全図

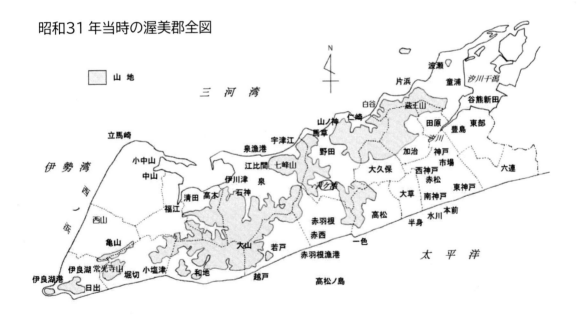

昭和・平成の大合併による渥美郡の変遷
昭和30年の大合併で、田原町・神戸村・野田村が合併して田原町となり、福江町・伊良湖岬村・泉村が合併して渥美町になった。それまで渥美郡に入っていた渥美半島東部の二川町・高豊村・老津村と杉山村（六連は分割し田原町に編入）が豊橋市に編入したため、渥美郡は渥美半島西部の田原・赤羽根・渥美の3町に縮小した。さらに平成の大合併で、渥美郡3町が合併し田原市が誕生した。

南神戸本前の地引網

福井　貞夫（南神戸町・大正15年生）

　昭和17年に青年学校を卒業し、18歳で本前（もとまえ）の網仲間に入った。網仲間や消防団ではスパルタ式に躾けられた。

赤羽根の地引網の出漁　田原市博物館蔵

　地引網の船には、竿張り1人、櫓8人（4本×2人）、とも櫓1人、舵1人、網を下ろす人が2人の計13人が乗った。若い人が前2本、年寄りが後ろ2本の櫓を漕いだ。港がない表浜では長い棒を持った竿張りが船を砂浜に着ける時に必要だった。

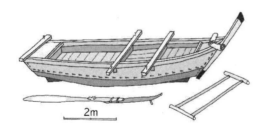

表浜の地引網に使われていた漁船

　本前では2艘の船があり、次の漁のために網の準備が常にしてあった。普段は満潮時に波のとどかない所に船を置いたが、大潮や台風、嵐の前には崖下の谷に修羅（しゅら）で引き上げた。修羅は2本の丸太を組んだ物で、6組ぐらいを船の下に順番に敷いていき船を引き上げた。修羅は大人1人で運べるくらいの重さだった。

　幅2mほどの網は次第に網目が細かくなり、その先に袋網が付けられていた。網の上に木のあんばの浮き、下に藁縄で編んだ丸い石の重りが結びつけられていた。石の重りは1ひろ（約1.5m）に1個ずつ藁縄で編んでくくり付けた。綱と網との境目に目印用の木の桶が結ばれていた。

　和地海岸には大きくて丸い石がたくさんあったので、前日に自転車で集めに行き、翌日に牛車に載せて運んだ。

　冬は大イワシ、夏はカタクチイワシ、キス、タチウオなどをとった。沖の網は年数回ほどで夏場に行った。海が荒れる春や秋は、あまり漁ができなかった。

　魚群を見つけるいろみ（やまみ）は目のよい人が担当した。イワシの大群がやってくると、崖（標高50m）の上からも群れが紫色に見えた。本前のいろみの場所は2か所あり、竹に白い布を巻いた箒を振って船に行き先を指示した。

　地引き網は2か所にろくろを置き、牛を2頭ずつ使って網を引き上げた。

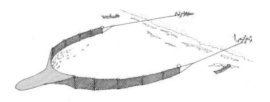

表浜で行われていた地引網

　昭和20年代前半は農業よりも換金できる漁が中心で、地引網の合間に農業をやっていた。男は毎朝海に出て海の様子を見て出漁を決めていた。終戦直後には一般の

人も買い出しに来た。鮮魚は田原の町から3、4人の魚商が自転車で買い付けに来ていた。東ヶ谷（とうがや）にもぼてさ（魚の仲買人）がいた。

畑仕事は主に女がしたが、麦とイモが中心で漁業の収入の方が大きかった。サツマイモは農協のデンプン工場に出荷していた。作物は天水だけが頼りであった。

女の人も賃稼ぎに煮干しづくりに加わった。できた煮干しを背負って高さ40mほどの崖の急こう配の坂道を担ぎ上げた。大漁時は浜に広げて干鰯（ほしか）にした。

私は農協に勤務した昭和27年に漁業をやめたが、その頃に網仲間から別れた約10名が福井タツオを中心に有志をつくり、機械船を導入した漁を始めた。昭和25年に高松の船大工が作った機械船2艘を導入した。若い者4名が浜名湖に操縦を習いに1週間ほど行かされた。

小舟は1人乗りのべかと2人乗りのちょろがあり、個人所有であった。冬にずりでコチやヒラメをとっていた。ずりは2本の釣り針を鉛で固め、自転車のあみだ（スポーク）を長さ10cm程に切断したものを垂直に付け、針のどちらかが底魚を引っかけるようになっていた。

本前では昭和30年代には漁をやらなくなり、タバコ栽培が盛んになっていった。この頃はまだキャベツは作っていなかった。

本前では、飲み水も生活用水もたたきに溜めた雨水を使っていた。たたきは門長屋の瓦屋根の下に掘った。長さは9尺（273cm）と1間（182cm）、深さは9尺あった（約12㎥の容量）。ボウフラがわかないように、田んぼで捕まえたフナを入れてあった。水はきれいで甘みもあった。マツの花粉が水面に一面に浮くと大変だった。梅雨時に1度水替えをしてたたきの掃除をした。集落の西に深井戸があったが、遠かったので行かなかった。近くにも古い深井戸があったが、祖父に連れられて1、2度行ったきりだった。昭和30年1月7日に水道小屋が完成し、天水から簡易水道へと変わった。

我が家では昔から赤松の汐川沿いに3反（30a）、清谷川に1反の飛び地の田を持っていた。赤松の田に3軒で共同の苗床を作り田植えは各自だった。田の畔塗りをする程度で裏作は行っていなかった。

<2015年12月取材/藤城信幸>

昭和34年の伊勢湾台風直後の本前海岸
田原市博物館蔵

赤羽根海岸での漁業

鈴木　孫市（赤羽根町・昭和2年生）

　池尻川の河口部を吹出川と呼び、東から茂川、北から細川（境川）、西から精進川が合流していた。河口部には、赤羽根村最初の鉄筋コンクリート製の橋が架かっていた。河口付近は深さが1m以上の深田になっていて、水も湧き出ていた。人が歩くだけのコンクリートの簡単な橋が架かっていた。

　吹出川が赤羽根と池尻の村境になっていて、赤羽根の子供たちは泳ぎに行ったが、池尻の子供たちは川に入れなかった。吹出川の河口の砂はあちらこちらに動いたが、通常は西向きの沿岸流によって、西に向かって流れ出していた。

　昭和30年代、赤羽根漁港建設のために県から測量に来ていた福井氏が、「渥美半島の砂は天竜川の砂が流れてきたもの。砂は西方の西ノ浜や神島方面へ案外早く流れている。」と話してくれた。

　初めの頃の赤羽根漁港の建設工事に参加した。木の矢板を打ってコンクリートを流し込みながら防波堤を延ばす仕事をした。波打から先は鉄の矢板を使った。朝8時から夕方5時まで働くと1日に180〜200円貰えたが、私は一昼夜働いてお金を稼いだ。

　漁港ができると池尻海岸の侵食がひどくなり、大潮の干潮時には貝化石が含まれた黒い硬い地層が現れることもあった。

　漁港ができる前の赤羽根の浜は大きな石ばかりの砂利浜で、20cmほどの平らな石があった。冬は素足が痛く、夏は熱くなった石で足の裏に水ぶくれができた。大石海岸まで行き、まんが（鋤簾）でナガラミ（ダン

ベイキサゴ）をとっていた頃には、砂や石が深さ3〜4mまでそれぞれかたまって海底に広がっていた。砂と違って石は硬いのですぐに分かった。

　赤西の網仲間は「カネ中」と「ヤマ太」の2つあり、それぞれ35〜40人くらいだった。普段は仲が悪いわけではないが、一旦漁に出て喧嘩になると、船に積んであった浜の石を船同士で投げ合った。顔に当たって鼻が曲がった者もいたほどだった。

ろくろで網を引き揚げる　田原市博物館蔵

　煮干しの加工場は赤西には5か所あり、仲買の5人が高台に集まって、海鳥の様子や魚群の色を見ながら、一荷をいくらで買うのかを相談していた。1円8銭に決めると、それ以上高値を付けないように談合した。地引き網の袋網を開くと、5人が矢立の墨でそれぞれ買値と屋号を書いた石を裏返しにして砂浜に置いた。それをさばくり（網仲間の年配者）が開いて、最高値の1人が競り落としたが、残りの者が「ほしかったけど、俺にも少し分けてくれ。」と言いながら5人で山分けをする算段であった。女の人に各加工場へ天秤棒で魚を運ぶように指示をした。女の人の担い賃は一回が1円8銭。帳面には運んだ回数が書かれていない。帳面を付けないから回数もいい加減で、賃金を支払う段になってよくもめた。仲買

が買値も数量もごまかしていたのだ。さばくりに売り上げの一部を渡すこともあった。地引き網の漁師達は哀れだと思った。

　ロープ等の網具の仕入れは漁業会の会長が一手に行っていた。綿の糸などは不足していたので、みんな帳面で支払っていた。闇値のものは高いが、配給品は安かったので、ここでもごまかしが横行していた。

　有志40名で地引網をやっていたが、こんな状況に嫌気が差して網仲間を脱退しようと思い若い者に話すと、みんなも同調した。ところが半年分の金を支払わないと抜けることはできないと言われると、脱退したのは自分1人だけであった。百姓もしながら1人で漁に出るようになったが、魚がこれまで以上にたくさんとれた。

　戦中・戦後には買い出しがいくらでも来た。買った魚を背負って帰り、闇市で売っていた。同級生の養子先の鈴木屋が中古のオート三輪車を購入すると、同級生に豊橋の魚町の市場に運んでもらった。自分でとった魚を田原の冷蔵庫に入れておくと、カネ平が市場へ送ってくれた。自分で儲けた金で家を建て、田畑や山林も買った。

　一里（4km）沖まで1人乗りのべか（小舟）で出かけ、コチやヒラメをとっていた。海底には石と砂でできた暗礁（高松ノ島）があった。高松ノ島は魚の大群がつき、魚がたくさんとれる赤西の漁場だった。機械船で行くとアジやサバがよく釣れ、魚の群れで海が真っ赤になるほどだった。5月は40cmほどの大きさの揃った赤ダイがとれ、12〜1月

1人乗り用のべか

には大小の赤ダイがとれたが、長さ1mの大物がかかることもあった。サメばかりがとれる時期もあり、体に白い斑点のあるホシザメは値よく売れた。

　魚群探知機で見ると、台風時や海が静かな時には、暗礁の周りに赤く魚影が映る。赤さでイワシかサバかアジかを見分けられる。下げ潮の流れが早くなると、魚群は暗礁の東側に隠れるように集まる。

　沖の網は浜から高松ノ島の手前まで66把のロープを入れ、網をかけてロープで結び浜に戻り、牛でろくろを回して網を引き上げた。12〜13人乗りの船にロープと網を積んで沖の漁場に漕ぎ出すのだが、乗せきれないので、もう一艘の6人乗りの網船も使った。海中にあった高松ノ島に網がかかると大変だ。ロープと網の境目に取り付けてある桶を目印に網を引き上げなければならなくなる。

　太いロープは4把を単位に購入したが、長すぎて重く扱いづらいので半分に切って2本にした。ロープが漁の最中に切れると、さびきで引っかけて探すことになるので、古いロープは使えるところだけを切り取って1把にしていた。地引き網のおもりに使った石は、ロープ3本で絡めるので丸くないとだめだった。牛車で白谷海岸まで丸い石をとりに行ったが、「海岸侵食がひどくなるのでとるな！」と怒られた。

　気候が暖かくなると、魚の群れが東から西へ、深い所から浅い所へとやって来る。春の上り（西）潮にのってやってきた上りギスをキス網で捕った。

　夏は一色ノ磯から川尻までカキをよくとりに行ったが、地元の漁師に怒られたので

やめた。ワカメ漁は最初が村、次は婦人会、最後に青年団というように決まっていて、豊漁の年は何度も繰り返した。4月1日からは口開けになり自由にとれるようになった。

2月末～5月にかけてべかでナガラミをとった。4～5月のナガラミははそり（大釜）にいっぱい油が浮くほどよく肥えて旨い。大量の時にはべかの喫水線から20cmまで積んだ。舟の真ん中にいないと転覆の恐れもあった。それを1日に4回もとったことがある。戦中から戦後には、加工場に運びはそりで茹でて、鉄の串でむき身にしてビニル袋に詰めて出荷した。地元の13、14歳の女生徒が喜んで賃稼ぎに7、8人ほど参加して詰めた。

海の上で漁場の位置を知るには、赤西にあった葛野医院の松の大木と芦村の西山が重なり、越戸（おっと）の大山の西側と若見の三本松が和地をつなぐ点を見つければよかった。ナガラミの漁場は電柱のかんざしの部分が松の枝に重なる場所というようにメモっていた。よい漁場を見つけたら帳面に必ずメモしておくように、池尻のヤヘイさんが私だけに教えてくれた。ナガラミは病気が出ると不漁になるが、3年も経つと大量に発生した。そんなことを3回ほど繰り返したが、ナガラミ漁を止めて魚に切り替えた。

小砂利のザル場には、赤虫が大量に発生し、長さ60cmものコチやヒラメがずりの針にかかってきた。コチは頭だけでも30cmはあった。風が強い時には漁に行けないこともあったが、沖の網をやっていた池尻沖にも1人で出かけていた。

昭和34年の伊勢湾台風では、家族を16尺（約5m）2階建ての母屋から屋根の低いかめざや（納屋）に避難させて、一人で2階に上がり酒を飲みながら母屋を守った。風の音がひどく、まるで船に乗っているように大きく揺れた。2階の戸箱が吹き飛び、空いた所から強風が吹き込んできた。げんのうで釘を打って板を止めようとしたが、風で飛ばされ難儀をした。

南向きの家の庇の下に海砂が吹き上げられ、雪が降ったように一面真っ白になった。塩を含んだ砂と強風でもまれた作物は、引きちぎられて黒く縮れて枯れた。高潮が海岸に打ち付け、崖の上の松林や旧道も波にかぶった。崖が斜めになっている赤西は、木が流されたり砂がとられたりしたが、崖はあまり崩れなかった。中村では木が流され海崖が崩れ、お祭りに村芝居をやっていた崖の上にあった神社の広場が流されるなど被害が大きかった。

我が家も母屋が傾き瓦も動いて雨漏りがした。地元の大工は修理に追われていたので、豊橋の大工に来てもらった。山を購入していたので材木には事欠かなかった。昭和40年頃に母屋を建て替えた。

終戦後の台風で海岸が大きく侵食された。赤西海岸の今の駐車場の辺りにあった砂浜が全てなくなった。吹出辺りは小石と薄黒く固いバネ土が露出し、その上に明治時代の5銭や銅貨がたくさん散らばっており、漁の合間に金貨も拾った。西風が吹き1週間もすると砂が積もって見られなくなった。上の風（西風）の時には、砂の崖が赤羽根側にできた。高さ2.5mもある崖をスコップで切り崩してならさないと、陸に揚げた船を出すことができなかった。

＜2017年5月取材／藤城信幸＞

私の戦中・戦後

河合 武次（加治町・昭和10年生）

私は昭和10年に田原町八軒家で生まれたが、父の仕事の都合で横須賀軍港の近くの大津に住むことになった。

平和な日々だったが、昭和16年に国民学校へ入学する頃から、猿島沖を艦隊が出て行くようになった。父が洋服仕立ての仕事をやっていたので、軍艦が帰って来ると次の出航に間に合わせるために仕事が忙しくなった。

日本の負け戦が続くようになり、小学4年生になった昭和19年に父の実家があった田原の祖父のもとに1人で疎開することになり、中部国民学校に転校した。B29の空襲で焼け出され都市から疎開してきた子や外地からの引揚者の子供たちが入学するようになると教室はいっぱいになった。

その年の12月に東南海地震があり、柳町では11軒が倒れ1人が亡くなった。さらに1月には三河地震が起こった。県内の多くの家が壊れたくさんの人命が失われたが、戦時中のことだったので、新聞やラジオで報道されることはなかった。

その後の余震と空襲で学校には行けず、山内とし子先生と八木日出夫先生が八軒家の集会場を借りて1年生から6年生までを教えてくれた。余震がいつまでも続いたので、竹藪に藁小屋を作ったり、トタン屋根の小屋に藁を敷いて寝たりした。食事は七輪で作っていた。大きな余震がくると家から飛び出した。B29や艦載機が来れば防空壕に隠れるなど、落ち着いて勉強することもできなかった。名古屋、岡崎、豊橋などの都市は焼夷弾で焼かれていった。

昭和20年8月15日は晴れて暑い日だった。父や母と近所の人たちが一緒にラジオから流れる昭和天皇の終戦を告げる言葉を聞いた。意味は全く分からなかったが、なぜか涙がぽろぽろと流れ、ほっとしたことが忘れられない。

戦後はいろいろなものが乏しくなり、食料も不足した。麦飯は当たり前であり、ご飯にサツマイモなどを混ぜて米を残すようにした。うどん、ドジョウそば、大根雑炊、乾燥イモやイモ饅頭を飯代わりによく食べた。銀シャリを食べたのは葬儀や法事に行った時か、盆と正月くらいだった。母は米がなくなると、赤羽根や芦村の親戚に行き、米を分けてもらったり米農家などから買ったりしていた。

表浜では豊漁が続き、イワシを肥料にするほどだった。イワシ、サバ、アジをよく売りに来たので、魚は充分食べられた。田んぼでとって来たタニシを茹でてむき灰で洗い、ワケギとぬたにして食べたり、セリやヨメナなどもとって食べたりした。

田原では農家が多かったので何とか生き延びたが、都会では食べるものに困って栄養失調になって死んだ人もあったらしい。そのため渥美線に乗って都会から買い出し部隊が押し寄せた。私の家にも自転車のチューブやタイヤ、長靴などを持った闇屋や、着物などの家にある物を持って買い出しに来る女の人も多くやって来た。食糧の取り締まりが時々あった。米やサツマイモを多く持っていると、警察に田原駅で調べられて没収されるので、一駅向こうの豊島駅まで歩いて行き渥美線に乗っていたらしい。

没収された米やサツマイモはどこにいったのか。戦後は物資の横流しがまかり通った時代であり、大人たちは「あいつはブローカーをやって闇で儲けている。」とか言っていた。

アメリカ軍のMPがジープで時々学校に来るようになり、運動場に乗りつけてチョコレートやガムをくれた。みんな甘いものに飢えていたので大騒ぎになった。

勉強の内容もそれまでとは変わった。子供たちはいつの間にか普通の生活になったが、教える側の先生たちは大変だった。

戦争中には小学校が軍の兵舎に使われたので、校舎の中はノミやシラミが多かった。丸坊主の男子はよかったが、女子はダニがわいたので頭からDDTをかけられた。

昭和20年8月15日に戦争が終わり5年生になったが、その頃のことはなぜか思い出せない。6年生になり、鉄筋コンクリート造3階の教室になってからのことはいろいろと思い出す。

野球が盛んになり、小学校でも旧渥美郡大会があり、I君が渡り廊下を飛び越す大きなホームランを打ったことは今でも忘れられない。田原クラブ、小野田セメント、先生たちの大人のチームもあった。中部小学校の運動場で試合を見たが、ちょっと狭いため道路までボールが飛んでいた。

子供たちも店でスポンジボールを買えるようになると、男子は放課の時に三角ベースボールをやっていた。女子はゴム跳びが盛んで、跳ぶとだんだん高くしていき、背の高さぐらいになると足の指先に引っ掛けて跳んでいた。ゴム跳びは廊下を使ってやっていた時が多かった。

兵隊帰りや若い先生が多かったので、男子はびんたを張られたり、水を入れたバケツを持って廊下に立たされたり、鞭で叩かれたこともあったが、男子は家に帰って親に言うことはなかった。

修学旅行は夜中の10時頃に片浜からだるま船に乗って伊勢に行った。海が荒れて伊良湖の度合(どあい)で船が揺れ船酔いで大変だったが、帰りは海が静かになったのか船酔いもなく無事に帰りついた。お土産は伊勢名物の生姜糖だった。

新制中学になったが、まだ校舎はなく中部小学校の一部と技芸女学校の教室、青年学校を借りて勉強していた。

田原中学校への通学に反対していた浦地区の生徒は、しばらくの間田原へは来ずに地元で勉強をしていた。今の田原中学校のある所に赤瓦の新しい校舎ができてからは、南部小学校、浦の北部小学校、西部小学校、東部小学校が田原中学校に通うようになった。1学年の人数も多く300人以上だった。グラウンドも狭くバスケットコートが2面、野球をやれば飛んだボールで教室のガラスが割れて弁償させられた。陸上部は校舎の周りを走って練習していた。

二川町・高豊村・老津村・杉山村も含む旧渥美郡の中学校が集まり、郡大会が行

われた。田原から大久保、芦ヶ池を通り、赤羽根を回り高松から田原に戻るコースで駅伝大会もあった。練習は裸足だったが、試合は厚い布を縫い付けた足袋で走った。終わった時には足袋は破れていた。

その頃の道路は砂利道でバスも走っていたが、木炭バスだった。木炭バスは乗客が多いと坂道を登れなくなり、乗客が降りて押しながら登った。

中学校では農作業がよくあった。田原区の西山へ松の枝をとりに行ったり、学校の裏に借りた畑があり、全校で麦やサツマイモを作ったりして学費に使っていたようだ。豚や牛も飼っていて、夏休みや冬休みに餌やり当番もあった。

昭和23年に進学組と就職組に分かれて勉強するようになった。私のクラスでは男子は豊橋工業高校の機械科・電気科・紡織科へ進学した。開校したばかりの渥美農業高校では人員不足のために希望すれば入れた時代だった。成章高校へは疎開できていた岡田と前田が進学した。卒業後は東京・横浜に帰り大学に進んだが、仲の良かった彼らも今は亡くなっている。

女子は成章高校の普通科へ進んだ子は少なく、商業科や家政科の他、分校へも行った。就職組の女子は三谷や蒲郡の織物工場へ行った。工場には寮があり早朝6時から夜の10時まで2交代で働いた。日給120円で月給は3,000〜3,500円だった。この頃より景気がよくなりガチャ万の時代になった。

男子は職人になれば一生食うには困らないといわれていた。左官、指物や洋服仕立ての親方の所に住み込み、小僧見習いの修業は大変だった。その他は田原や豊橋の町工場へ行った。社員寮があり、朝早くから夜遅くまで働いた。月給は3,000円くらいだった。

私は同級生の沖村と2人で森下先生に一緒に行ってもらい、名古屋市瑞穂区太田町の株式会社曽根メリヤスに行った。新人は見習いと言われ、朝早くから風呂や便所の掃除をしてから朝食をとった。8時から5時30分が定時だったが、夕食が終わってからもいろいろと仕事があり大変だった。給料は3,500円、食費と保険料が引かれ手取りは500円だった。

初めは外出も厳しく制限され、金もないので遊びにも行けなかったが、給料が上がると映画を見に行くようになった。広小路の一流館のロードショーは料金が高く120円もした。外回りのフロアーで待ち、先の客が出てから入れ替わりがあり、立ち見はなかった。大須には洋画専門の映画館があった。2本か3本立てで入れ替えなしでいつも満員だった。立ち見もいっぱいだったが、料金は安く60〜80円くらいで入れた。その頃の大須万松寺通りは東映、松竹などの日本映画専門の劇場が並び賑やかだった。しかし、夜になればポン引きやたかりも多く、裏通りは物騒だった。今も流行している矢場とんで時々串カツやとんかつを食べたことを思い出す。

名古屋で5年ほど働き、田原へ戻った。その後豊橋市草間町の石原ニットに入り、昭和35年に岡崎の問屋から話があり、自宅に工場を作って、メリヤス屋を始めた。

東英館と駅前通り

河合　武次（加治町・昭和10年生）

　田原で映画館といえば東英館だろう。駅前から少し歩き、大谷屋食堂を左に曲がると大富燃料の前にあった。東英館の1階には舞台、左手に花道もあり客席は椅子になっていた。天井桟敷の2階席は有料の貸し座布団もあった。

　戦前に無声映画や「マライのハリマオ」を見た記憶がある。上映前にニュース映画があり日本軍の大勝利の場面が流れていた。

　戦後は大河内伝次郎の「丹下左善」、長谷川一夫の「銭形平次」、嵐寛十郎の「鞍馬天狗」、片岡千恵蔵の「遠山の金さん」などが上映された。雨が降ったように荒れた画像でフィルムもよく切れた。

　東英館には旅芸人の一座もよく来ていた。近所の三角屋の壁にポスターが貼られ、役者さんが太鼓をたたきながら上演の口上を述べに来た。その頃の芝居といえば「清水の次郎長」や「森の石松」などの股旅物が多かった。浪曲、女大夫が舞台に立ち水芸などもやった。変わったところでは人間ポンプ、電気人間、ガラスを食べたりする芸もあった。ボクシングの型を見せたりカンガルー対人間のボクシングも見せたりした。

　夏休みに巡回映画があり中部小学校の運動場に幕を張って上演し、多くの観客で賑わった。他の校区にも回っていた。

　大きかった行事は、小学校の校庭に土俵を作り地方巡業の大相撲が来て田原場所が行われたことだ。有料か無料かは覚えていないが、学校からも見に行った。大関や幕内の力士たちが褌担ぎを連れて旅館を出て本町通りを歩いて来るのを見るのも楽しみで、力士の体の大きいのに驚いた。

　この当時の駅前通りは暗くて寂しかったが、パチンコ屋やアイスキャンディ屋などができてからは街らしくなった。アイスキャンディは1本3円50銭で、3本10円もした。暑くなると自転車にアイスボックスを乗せ、旗を立てて鈴を鳴らし売りに来た。浦でも福又商店がやっていて、波瀬や浦の方へもおじさんが売りに回っていた。

　その頃から商工業も盛んになり、でんぷん工場や山城製菓（キャラメル）、シームレス（ストッキング）、白井メリヤス（下着）、清水撚糸、原野産業（水飴・菓子等）の工場ができた。浦や波瀬などでノリ養殖が始まり、田原の町も活気が出てきた。浦の同級生の連中も稼ぎがよくなって町へ出て芸者遊びをしたらしい。当時は芸者さんも多くなり、30人以上もいた。

　農家も農高を卒業した若者が温室を作り、電照菊などをやるようになると、景気がよくなり元気になった。その後、臨海の埋め立てが始まり、工場も進出してきて田原町は発展した。一方、田原座も東英館もいつの間にかなくなっていた。

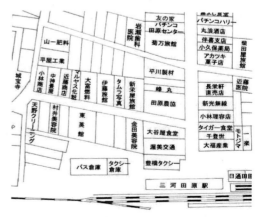

『田原町住宅明細地図』(1962)より作成

日本再建

宮本　ゆた（堀切町・昭和 11 年生）

「やい、やいやいやい！」

真夜中に大声で叫ぶおばあさんに手を引っ張られて外へ連れ出された。それは昭和20年1月13日午前3時の震度6を超える三河大地震だった。

その1か月前の昭和19年12月7日、午後1時発生の東南海地震（震度7）に続くものであった。その時は慌てて外へ飛び出す大人を見て、私も後を追って走った。我が家の蔵も潰れたし、倒壊した近所の家も目にした。初めて地震という言葉を知ったものの、あまり怖いとは思わなかった。

しかし、今度の三河地震は夜中のせいか、大人たちの恐れる様子と寒さで、ガタガタ震えながら布団に入って寝た。翌朝起きたけれど、足が痛くて歩けない。足の裏の皮が3㎝ほどめくれて出血していた。外へ飛び出した時に傷を負ったようだ。そのために学校を遅刻してしまった。

その後もたびたび余震があり、隣近所は寝る時のための小屋を作った。私の家も温室の中に戸板で箱のような小屋を作って、下に藁を敷いて寝た。その時初めて地面が揺れるのを肌で感じた。その後も母屋で寝る時、おばあさんが「寝るぞ床、頼むぞ柱、何事あれば起こせよ屋根、棟。」とつぶやくようになった。

当時はまだ戦争中で、米軍機が来ると警戒警報や空襲警報のサイレンが鳴る。おばあさんが「上から爆弾、下から地震で、この世の地獄だ。」と嘆いていた。

そんな時、いつからか学校やお寺に、兵隊さんが大勢駐留するようになった。そして彼らが数人ずつ交代で、我が家の風呂へ入りに来るようになり、仲良しになった。かけっこをしたり、ジャンケン遊びに付き合ってくれたりした。

ところが、それまで顔を見るとニコッと微笑んでくれた兵隊さんたちが、真顔で無口になり、毛布や身のまわりの物を分け合っていた。そして、いつの間にか彼等はいなくなった。戦争が終わったのだ。私が小学校3年生の時だった。

5年生から男女共学になり、運動会で「日、本、再、建」と書かれた板をやぐらに結びつける競争があった。見学に来ていた父兄たちからもひときわ大きな拍手があった。これは競技の勝者に対してだったけれど、日本再建への賛同と決意の拍手だったと思う。

現代社会にも様々な課題はあるものの、80 年近い昔を思うと改めて、今の日本は平和で幸せだと思う。

〔注〕 昭和19年末ごろから陸軍の怒部隊と護京部隊が、米軍の上陸に備えて渥美半島沿岸に野戦陣地を構築していた。

鈴木政一撮影

新町にあった田原警察署

山田　哲夫（田原新町・昭和13年生）

　昭和20〜30年代頃のことを書いてくれないかと言われたが、この頃は敗戦後の混乱期で思い出したくないことが多い。しかし、お断りせねばならぬことでもないので、ひとまず我が家の向かいにあった警察署のことを書いてみる。

　田原にはじめて警察署が置かれたのは、明治9年（1876）12月で、豊橋警察第四方面第一分署と呼ばれた。翌明治10年2月には豊橋警察田原分署と改称された。この分署の建物は当初船倉橋に程近い田原町柳町17番地にあった。

　その後、明治43年（1910）4月田原分署を田原町新町65番地（現在のうかい葬祭和みホールの所）に移転新築され、さらに大正11年（1922）1月には昇格して田原警察署となった。

　下の写真が新町にあった田原警察署である。チョコレート色をし、どっしりとした重

旧田原警察署（1910〜63年）鈴木政一撮影

厚感のある2階建てで、高さ約1mくらいの石組みの基礎の上に建てられていた。左右に張り出した署屋の向かって左側には玄関があった。石段を3段ほど上がって中に入ると、油の匂いのする板張りの廊下があった。歩くと足音がカタカタと鳴り、どことなく厳めしく怖そうな感じがした。

　玄関脇には高い火の見櫓のような鉄塔が立っていた。戦時中にはそこから空襲警報発令のサイレンが幾度となく町内に鳴り響いた。

　警察署の前の道路には、戦時中防空壕があって、時々そこに避難した。ある日、急に空襲警報が鳴って、そこに走り込んだ。その壕の入り口で、私は日本の戦闘機が龍門寺の藪の上を、火炎と黒煙を噴きながら北から南の方向へ落ちていくのを見た。後で知ったことだが、神戸（かんべ）のあたりに墜落したのは、あの遠藤大尉等2人が搭乗していた戦闘機だった。私の僅かな幾つかの戦争体験の中で、この戦闘機と、渥美半島の上空を大編隊でグオングオンと不気味な音を響かせて名古屋方面を目指し飛んでゆくB29の飛行音は未だに脳裏から消えることはない。

　戦後はこの警察署前に進駐軍のジープが時々やって来た。子供心に恐る恐る遠巻きに見ていると、手招きされてチューインガムをくれたりした。アメリカ軍による厳しい監督の眼が田原にまで向けられていたのである。

　なお、この建物の横には戦後の一時期ではあったが、自治警察と呼ばれる建物も急造され、何人かの職員が配置されていたこともあった。これは昭和23年（1948）に新

しく警察法が施行され、警察が「国家地方警察愛知県渥美地区警察署」と「田原町警察署（自治警察）」の2つに分かれたことによるものであった。子供心には何で警察が2つもあるのだろうと不思議な気がしたが、昭和29年（1954）には、これも廃止となり、新警察法により「愛知県田原警察署」となり、現在に至っている。

　この自治警察がなくなる頃までは、警察前の道路は、自動車などはあまり通ることはなかった。我々子供たちが遊んでいても警察から注意を受けることはほとんどなか

った。キャッチボールもメンコも竹馬も縄跳びも、暗くなるまでやりたい放題に近かった。自転車乗りを覚えたのもこの路上だった。それを想うと、道路で遊ぶこともできない現代の子供たちがかわいそうだなと思う。

　この建物は、新築以来ずっと渥美の治安の要として睨みをきかしてきたが、昭和38年（1963）4月、田原署が現在の地、田原町加治東天神812へ移転となり、取り壊された。

昭和30年代の田原新町　鈴木政一撮影

神戸の市場にあった消費組合

三浦　孝之（神戸町・昭和14年生）

　神戸校区では、東ヶ谷、谷ノ口、赤松、市場などに消費組合があった。市場では昭和30年頃に47〜48戸で出荷場の一部を改造して消費組合をつくった。消費組合ができるまでは、田原や川岸の商店に自転車でしょっちゅう買いに出かけていて、それが子供たちの仕事にもなっていた。

　消費組合では生活必需品を中心に売っていた。酒や醤油は出口酒屋、豆腐は大岩豆腐店、ラムネやサイダーは川岸にあったヤマニの工場、パンは大林パンが配達していた。生活雑貨は豊橋の卸問屋がトラックで巡回して売れ筋の商品を補給していった。昭和30年以降に冷蔵庫が入ってアイスクリームや肉類をおくようになった。アイスクリームは中央製乳が冷蔵庫を貸し出した。タバコも現金で売っていた。

　市場区が経営し、現金の支払いもあったが、多くの家がつけで買い物をして、帳面に購入者名と品名や数を記入した。3名の役員が1年に2回、盆と暮れに帳面から代金を精算した。棚卸しは年1回だったが、役員の仕事が大変なので、人選がなかなか決まらなかった。売り子は1名で、公民館の一部を間借りしていた古橋さんの妻や三浦氏の母親が一時期やっていた。電話が置いてあり、部落放送で呼び出しをした。放送は丸安魚屋のサバの販売にも使われた。住民の便宜を計る目的だったので、儲けはほとんどでなく、儲けがあればお宮へ寄付した。

　スーパーヤマナカなどが進出し自動車で

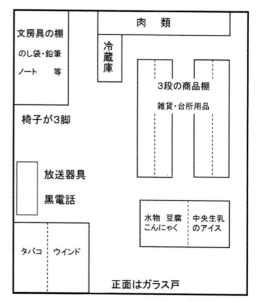

買い物に行くようになると、品数が限られて選べない消費組合に対して、「あそこに行ってもないんだよ」などの声が出て、生鮮食料品を中心に売れ残るようになった。そのため昭和53年頃に市場の消費組合は閉鎖することになった。

　　　　　　　＜2016年3月取材/藤城信幸＞

〔参考〕　南神戸の本前の消費組合は漁業会が主体となり「水産」を経営し、戦争未亡人が店番をしていた。本前には中村という個人商店もあり、タバコや切手を売っていた。谷ノ口は消費組合のみで、水川には小さな店があった。大草は伝中と新店、赤松には「てるへい」と呼ばれた個人商店もあった。

　行商は富山の薬売りが各家庭を訪れて箱に入った置き薬を交換していった。おまけに紙風船などを置いて行った。農家用のもんぺも行商が売りに来ていた。もんぺとは、女性が労働用にはいた袴の一種で、裾を足首の所でしぼってあった。戦時中に女性の非常時服として全国に広まった。

乗合自動車

井本　俊美（福江町・昭和14年生）

　福江町の繁華街下地の真ん中に豊橋交通乗合自動車の発着所があった。私の家はその隣だった。

　昭和20年頃、朝早くからブーブーとうるさい音が聞こえてくる。火を起こしているのだ。木炭へ火をつけてバスを走らせる準備である。ガソリンがなく木炭でバスを走らせていた。バスの後ろには大きなタンクが付いていた。

　福江～田原駅止まりと福江～豊橋駅前直通があり、植田の坂をバスが上れなくて乗客は降りて歩いて上ったそうである。

　戦中戦後の食糧難の時代、統制経済だった。都会の人々が田舎へ買出しに来ていた。農村部へ歩いて買出しをし、リュックサックと風呂敷包み一杯の荷物を背負って、私の家の前から並んでバスへ乗り込んだところへ警察が来て、引きずり降ろされて荷物は取り上げられた。バスは超満員である。あの時のおばあさんのしょげかえった姿、哀しそうな顔は80年近く過ぎた今でも忘れることはできない。あのおばあさんには家でお腹をすかせて待っている家族があるだろうに。取り上げる警察もどんな気持ちで行ったことだろうか。法律とはいえ惨いことだった。また取り上げた荷物はどこへ行ったのだろう。全部戦争が悪い。

　昭和22年頃になると、ガソリン車（バス）になり、バスの出発の時に近所の子供5、6人でバスの後ろのバンパーにつかまり、排気ガスがいい匂いだと走っていったものだ。危なかった。

　この発着所は昭和23年に坂の上紺屋瀬古（現在の玉川駐車場）へ移転した。バスは大型化し、その後豊橋交通福江営業所は保美へ移転した。

　昭和20年代は中卒での就職が多く、高校進学の方が少なかった。就職組6～7割、進学組3～4割くらいだった。当時は兄弟姉妹が多く4～5人が普通で、7、8人兄弟もいた。

　就職といっても都会の住み込み奉公人である。15歳の少年が知らない土地へ行くのは心細かったと思う。出発の時は親兄弟、友だちが見送りに来ていた。

　私の家の前を走っていた頃のバスは20～30人乗りだった。大型ボンネットの55人乗りバスができた時には、すげーなーと驚いた。客席は横座りで渥美線の電車の席のようだった。今のようなキャブオーバーになったのは昭和25年頃だったと思う。

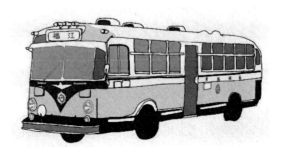

昭和20年代前半の大草でのくらし

田中　義道（大草町・昭和16年生）

【小学生時代の学校の様子と遊び方】

　昭和20年代後半になっても、排他的な気持ちから隣地区の高松の子とよくけんかをした。特に理由はないのに、高松の子供たちが大草を通って田原方面に出向く時にけんかをした。

　道路にはみ出している大木の枝の上にガキ大将の命令により見張り役がいて、高松の子や赤羽根の子が見えると「敵が来た」と合図を送る。数人単位で石の投げ合いが始まる。どちらかが降参すると、捕虜としての身代金？の代わりにビー玉やめんこを取り上げた。時によっては、芋切りや餅せんべいもあった。私自身が高松で捕虜として捕まった時は、サトウキビ10本で釈放された。

　このようなけんかは、幼くして敵と闘う戦争ごっこであったように思う。昭和20年代後半になっても、戦争ごっこの名残りが消えることがなかった。

　担任の先生の中には、軍人のように脚絆やゲートル、軍服、戦闘帽の服装で学校に来ていた人がいた。

　運動会は、源平合戦や騎馬戦の種目が多くみられ、学芸会の劇は軍記物が多かった。「義経記」などは、今でもせりふの一部を覚えている。「昨日は東、今日は西、吉野の山の山桜、散りにし命永らへて、安宅の関の難所も弁慶の機智により…」で代表される義経が兄頼朝に追われ、北陸を経由して東北の平泉に逃げる途中の様子を記した一場面である。

　昭和25年ぐらいから疎開してきた子供たちが元の住所に帰って行ったため、どの学年も終戦直後の児童数の半分くらいに減った。田舎での暮らしが懐かしいのか、60～70年経過した今でも文通を絶やさない仲間がいる。数年に一度の同級会にも遠方から駆け付け、喜んで参加してくれている。

【戦後の食べ物と忘れぬ思い出】

　終戦直後の昭和20～22年頃は、戦地から復員してきた父や叔父たちの持ち帰った食料を食べることが楽しみだった。特に父の持ち帰った大きなブリキ製の箱の中には、乾パンや缶詰、金平糖菓子がたくさん入っていて、大喜びで食べた。現在では乾パンは災害時の非常食だが、それに大変よく似ていて今でも懐かしい。缶詰はカニ缶やサバ缶が多かった。

　軍隊では何と贅沢な物を食べていたのかとびっくりした。母に問いかけたら、「兵隊さんは明日の命の保証はない。生きているうちに、せめておいしい物を食べても罰は当たらないと思うよ」と言われた。

　大草の田んぼの近くには、松林が多くあった。高い松の上ではゴイサギが群れで巣を作り、斑点入りの卵をよく産んだ。ニワトリの卵より小さいが、貴重な蛋白源として重宝され、近所のおじさんからよくいただいた。

　やせた土地の松林ではキノコがよく採れた。マツタケ、ネズミタケ、ササタケ、ハッタケ等が豊富にあり、大きな竹籠に一杯採るのにそれほど多くの時間がかからなかった。

　海に出向くと、海岸入り口の砂浜に北海道から送られてきた大量のニシンが干して

あった。腹に卵を持った魚が多く、卵だけ取って食べた。海の浅瀬ではナガラミがとれた。多くとりすぎたためにナガラミを積んだ小舟が転覆したこともあった。とりすぎたナガラミは道路の轍にまき、牛車で粉砕し肥料にしていた。

牛車の荷台の上に四角く立てた竹の上にムシロやゴザをかけて、日除けを作った。その中におひつに入れたご飯と野菜の煮物、干し物の魚と大根、梅干し等の粗末なおかずをのせて、家中で田植えに出かけた。家族での昼食会は楽しかった。

隣近所を誘って同じ仕立ての牛車に乗って片浜海岸に海水浴に出かけたこともあった。片浜や波瀬の親戚から土産のアサリやノリ、マツナ(海岸に生えていた松葉ボタンのような植物)をいただいて帰った。表浜の魚と裏海(三河湾)の珍しい物との交換も盛んだった。

田んぼや海岸で食べた食事は麦ご飯ばかりだったが、最高においしかった。

【バスの燃料は木炭と薪】

昭和25年頃の大草半身集落の集会場は、浜街道(今の国道42号)の長い坂の中間ぐらいにあった。子供たちは日当たりのよい表側の広場で、ビー玉やめんこ遊びに夢中であった。

赤羽根～七根経由～豊橋まで表浜線のバスが一日一往復通っていた。バスが坂下に見えると、遊びを中止して臨戦態勢に、目の前に来ると大忙しだ。パスパスと音を立ててバスのエンジンが止まりそうになる。乗客も降りてバスの後ろを押し始める。

ガソリン不足のため、バスの後部に設置されたボイラーで木炭と薪を燃やした。燃

やした木炭や薪のガスをエンジンに送り、ガソリンの代わりに燃料にしていた。

ボイラーに空気を送るための送風機が車体の横に取り付けられていた。ハンドルを廻すと風が起き、木炭や薪からガスの発生が活発になる。

ボディーの左横からバスの速度に合わせて小走りに走りながらハンドルを廻すのが子供たちだ。坂を登り切ると、後を押してきた乗客と車掌はバスに乗り込み、水川方面に走り去る。運転手が大変喜んでくれて時にはお礼にお金をくれた。実はそれが子供たちの目的だった。

自転車の後ろに大きな木箱を乗せて、アイスキャンデーと書かれた旗を立てたおじさんが来るのを待っていて、1人1本ずつキャンデーを買うのが楽しみだった。確か10銭硬貨と記憶しているが、それで3本買うことができた。一円玉だったかもしれない。

バスの運転手と車掌は赤羽根の住民なので、今思えば通勤と兼ねた格好だった。私事で恐縮であるが、後に私自身がバス会社に入社した時には、当時の運転手が助役か所長になっていて驚いた。昔の話をしたら覚えていてくれたのに大変びっくりしたのと同時にとてもかわいがられた。誠に不思議な縁であった。

昭和35年の入社当時には木炭バスは姿を消し、道路を走っているのはガソリン車やディーゼル車ばかりになった。

子供時代と地引網

田中　義道（大草町・昭和16年生）

　昭和20年頃は今のように保育園はなく、5歳くらいまでは漁師をしていた祖父に連れられて毎日のように海に出かけた。漁がある日は地引網を眺めたり、海が荒れた日は網の修理をしている祖父の近くで、穴を掘ってカニを捕まえたり、海に向かって石を投げたりして遊んだ。

　時には高波や大きな魚に追われて波打ち際に打ち寄せられたイワシやコノシロを拾うこともあった。祖母に「晩ご飯のおかずに間に合うように、浜で魚でも拾っといで」と言われたのを思い出す。

　拾い方は次の2つである。①網を引くのを手伝いながら、わだにひっかかっている魚を拾う。②魚でいっぱいになった袋網を漁師が開き、種類分けをしている隙に後ろから回って拾う。「拾う」とは獲物を失敬するという意味で、小さな心臓がバクバクと音を立てた。

　失敬した魚は波打ち際から少し高い場所を選んで砂をかぶせて埋めた。塩水で湿っているので、自然の保存場所となった。波打ち際に近すぎると、波で魚が浮き出てしまい、波にさらわれたり誰かにもっていかれたりした。波打ち際から遠いと、砂が乾いて白くなり、埋めた場所が分からなくなった。手ぶらで家に帰ると「馬鹿だやー、この子は」と叱られたこともあった。

　サバやアジを拾っているうちに漁師に見つかり、「この馬鹿小僧」「くそ坊主」と怒鳴られ、袋網に入っていたクラゲを顔にぶつけられることもたびたびあった。

　だが、これで「盗んだ」ことの罰は終わり「お前もずいぶん度胸がよくなったな」とほめられた。漁師も子供の成長ぶりを手荒な方法で喜んでいたと思う。

　獲物を家に持ち帰ると「ようしたもんだ、偉い偉い」とほめられた。その言葉に次も頑張ろうとモチベーションが不思議と高まったのである。

　小学校2〜3年生になり、先生から「拾う＝盗む」ことがいけないことを教わり、自分から地引網を手伝い、報酬として魚をいただくことに心を入れ替えた。

　漁師の使い走り、牛のお尻を竹でたたきながら綱を引かせることも手伝った。最後まで仕事をした時には、両手いっぱいのサバやアジ（10本位）を受け取った。魚が獲れなかった時には、次にとれた時に前の報酬として魚をくれた。

　アンコウ、ハモ、ホウボウ、トラフグ、サヨリ、ダツ、エイ、エソ、カニなどは捨てられていた。今では貴重な高級魚になり、高い値段で取引されているから不思議なものだ。

袋網を転ばして引き上げているところ
赤羽根海岸の地引網　田原市博物館蔵

海との絆

田中　義道（大草町・昭和16年生）

　軍人であった私の父は、終戦後に大草に戻り半身の網仲間に入った。方辺（ほうべ）の高見で、魚の群れの監視や船への指示を出す役目だった。

　漁師の一日は早朝の4時頃から始まる。「ほーい、ほい」とか「やーい、やい」の合図で浜に出かける。集落の高い場所から責任者が手のひらをラッパの形にして大声で叫んだ。地引網ができるという合図である。遅刻した者は「はんこ」と言われて、給料の分け前を減らされた。

　食事は一日5食。朝飯、おこじはん（お小時飯）、昼飯、おこじはん、夕飯である。おこじはんは今のおやつの時間と同じで、午前10時と午後3時であった。弁当のおかずは魚や煮干しがあることを見越して入れてなかった。梅干しの酸でアルミ製の弁当箱に穴が開くこともあった。梅干しの種は海に吐き出さずに、必ず空き箱に入れて返した。梅の種は「天神様」といい、海に捨てると天神様が怒り、海が荒れて遭難するからだと伝えられていた。

【海での用語】

　あんば（浮き）、いや（おもり）、ぼてさ（仲買業者、行商人）、ぼた（砂浜の高いところ）、網をゆう（破れたところを修繕する）、トロ箱（魚を入れる木箱）。

　まぜ（南風）、こち（東風）、にし（西風）、北っぽう（北風）、かみ（伊勢の方角）、しも（東の方角）、磯（一色方面）、沖がにぎやか（海が荒れる前触れ）、浜側（海に面した地区）、揚げ（海に面していない地区）、転ばす（大漁になった袋網を打ち寄せる波の力を利用して横に転がす）、ふご・みやら（竹で編んだ籠）、かかみ（大きなタモ）、ほしか（大漁のため砂浜で天日干しにされたサバ子、北海道から送られてきたニシンもあった）、おこじはん（10時と3時の弁当）、いろみ（魚の群れ）、食い漁（漁師の家のおかず用の魚、不漁の時の分け前）、方辺見（高台から魚の動きを船に伝え指示する高見人、白い布で包んだ2本の竹を使って手旗信号のように合図する）。

【お日待ち（懇親を図る食事会）】

　漁師はうどん、汁粉などの大食い競争を楽しんだ。とれたての魚、タコ、イカなどを大きく切って刺身を作った。みやらに入れてきれいな海の塩水で洗った刺身の味は絶品だった。

【年末（大晦日）の料理】

　夏から秋にかけてとれたアカダイ、ブリ、サバ、アジなどを専用の魚船（木製の付け桶）に塩漬けした保存食で、大晦日には居間に下ろし恵比寿様、大黒様の社の前に供えた。お下がりを高膳にめいめいに盛り付けられ、家中で食べた。塩辛く一度には食べきれないので、正月中食べさせられた。

【昭和28年の13号台風の思い出】

　三河湾沿いの養鰻場が13号台風の高潮で破壊され、逃げ出したウナギが太平洋岸に現れて、地引網に大量にかかり大騒動になった。水槽に入れたら浮いている木の板に乗っていてびっくりした。人に慣れたウナギだった。

野田村の馬草での幼年期

武山　教子（野田町・昭和16年生）

　太平洋戦争勃発直前の昭和16年11月に名古屋で誕生し、長男の父は戦火を逃れて実家の馬草（まくさ）に帰郷した。お陰で昭和14、16、18年生まれの私たち三姉弟は、温暖な渥美半島でのびのびと過ごすことができた。野田の小谷村長は教育熱心な方で、昭和22年には「野田保育所」を開設、一期生は昭和16年生まれの私たちだった。先生は村役場の女性で、教室は日々変わった。馬草から役場まで徒歩で通ったので、6歳の私はよく遅刻した。昨日までの場所には誰もいなくて泣いていると、役場の人が「あそこに見える赤い屋根の中学校だよ」と教えてくれた。また1人でとことこと歩くことになった。おやつはアメリカ製のビスケット1枚かチューインガム1枚だったが、楽しみだった。

　昭和23年に野田小学校に入学した。108人が3クラスに分けられたが、2年生からは2クラスになり、中学校まで教室は満杯の状態であった。校庭の朝礼台後ろの山際には急勾配の狭い階段があった。上段の白い建物の中には、天皇陛下の写真が飾ってあると聞いた。B29が低空を飛んだ時には、怖くて誰ともなく教室に逃げ込んだ。戦争の余韻が残っていたのだ。

　雨具はフード付きの莫蓙製で、学校に着く頃にはびしょ濡れ、履物は下駄やゴム製のトッチーサ（千日草履）、足首までの短靴だった。みんな同じ格好だったので平気だった。やがて番傘からこうもり傘になり、既製服も販売されるようになった。

　給食は家から持ち寄った野菜で作られた味噌汁のみ。アルミの弁当箱には梅干し1つと麦をよけた白米が詰められていた。教室にはダルマストーブがあり、登校時に金網の上に弁当箱を並べた。西風の冬場には冷えた体を温めてくれた。

　10時に脱脂粉乳か肝油ドロップが出された。栄養不足の日本の子供たちへのアメリカからのプレゼントだと教育された。

　昭和22年から国語がカタカナからひらがなに変わり、新しい戦後教育が始まった。子供心に「マッカーサー」の名前を覚えていて、父母から日本の復興の証と教えられた。

　小学校の修学旅行先は奈良・京都。姉は電車の旅だったが、私たちは観光バスだった。その秋に台風13号が襲来した。仁崎と山ノ神が高潮の被害に遭ったため、修学旅行は延期され、少し遅れて行われた。

　中学校の修学旅行は、東京・江の島・鎌倉だった。息苦しいほど人が多くて早く帰りたかった。

　小学校4年生から女子は9人制排球（バレーボール）部、男子は野球部に入った。私は中学まで入部した。

当時は体育館がなくて校庭で練習し、膝当てもなかったので、今でも膝に傷跡が残っている。

当時の娯楽はラジオくらいで、ドラきちの父が独り占めしていた。年一回の野田神社の祭礼は、餅投げと回り舞台のある大きな芝居小屋での村人の芝居やプロの芝居も行われて盛大だった。祖父は三河万歳の名士であった。祖父と父は花形の幕引きと拍子木打ちの役割があり、家族席は花道横の一等席だった。朝早くから村人がむしろを敷いて席取りをした。境内は一面にむしろが敷き詰められ、開幕までは子供たちがむしろ番をした。子供たちは10円をもらってスルメイカを出店で買っていた。

田原の東英館が山ノ神公民館で映画を上映した。母子物語、チャンバラ、美空ひばりのミュージカルなどを観た。ご近所揃って明るい内に会場入りし二本立てを観た。帰り道は眠くて歩くのも大変だった。私は市川雷蔵ファンで、大きくなったら強いやくざになりたいと思っていた。

夏の晴天日は海に出かけた。馬草の海は海水浴場になっていて、波の荒い太平洋側にある赤羽根方面から牛車に乗って来た家族連れで松並木は賑わっていた。水がきれいで、小岩にはガニアオサが茂り、岩陰にはナマコ、ワタリガニ、アサリ、モズクも生えていて、沖にはテングサがあり、自然の贈り物が豊富な海だった。鍋一杯の真っ赤に茹で上がったカニを無造作に頬張るおやつは、今では夢のまた夢である。

両親は3人の姉弟に「勉強はせんでいいから、家の手伝いをしろ」と農作業のあてにされた。学校から帰ると土間に「○○の畑に来い」とある。遊ぶ約束をしていた友達数人と畑に行き、麦踏みを能率よく済ませてゴム跳び、お手玉、おはじき、あや取り、ケンケンパーで遊んだ。

春は山裾に咲くササユリや春蘭摘み。秋は「あるぞー」の声で鼻をクンクンさせて探したマツタケ狩り。夕食はマツタケご飯とアサリ汁。これも今では夢のまた夢である。

中学生になると、女の子の遊びでは物足らず男の子に交じり野球、缶蹴り、舟の櫓漕ぎ、指先頼りのキス釣りと毎日がわくわくし、楽しく遊びほうけた。一緒に遊んだ男の子たちからは「教子は男みたいな女」とか「おてんば」と呼び捨てにされていた。

昭和32年に人生の第一難関を突破し、平和な野田から都会に見えた田原の成章高校に入学した。月謝は 1,000 円で三姉弟が1年生と3年生と重なる時があり大変だったが、父が学問は邪魔にはならないと頑張ってくれたことに感謝している。

成章1年時は早く帰って夕食の支度。家計を助けて未舗装の道を自転車で通学した。3学期にソフト部のメンバーが不足し廃部になるからと、担任から母が説得されてソフトボール部に入った。三角ベースと自転車通学の恩恵で上達し、新人戦にはサードで一番バッター。昭和34年県大会3位に輝いた。私の生涯スポーツのソフトボールは80歳まで続き、青春を謳歌!!

そして思い出の恋路ケ浜、渥美半島「ふるさとは遠きにありて思うものなり」

大自然に生かされて…

武山 教子（野田町・昭和16年生）

野田を流れる「たよがわ（今池川）」の河口沿いに野田醤油の建物が連立し、社長は西馬草の山本氏。馬草では農業は母親任せで、男性がこの会社に勤めて現金収入を得ていたため、裕福な家庭が多かった。早くからテレビがあり、夜になると近所の人たちもその家にテレビ鑑賞に集まっていた。力道山の空手チョップ、お笑い三人組、大晦日の紅白歌合戦など、笑い声や拍手が外まで聞こえ、まるで映画館のようだった。

昭和10年頃の野田醤油 『渥美郡勢総覧』より

野田醤油は昭和39年にアカマルみそに社名を変更し、ザ・ピーナツが歌うCMソングがテレビでも流れていた。母と工場を見学した折には、天井につくほどの大きな樽が部屋いっぱいに並び、味噌の香りが広い部屋に漂っていた。当時はどこの家も自家製の豆玉味噌を作っていて、こんなにたくさんの味噌を作ってどうするのかと子供心に心配した。小、中の修学旅行に行った時に、白味噌があることを初めて知った。

山ノ神にも渥美醤油ヤマサンがあり、社長は藤江氏だった。空の一升瓶を持って姉と溜りを買いに行った時には、帰りの坂道で瓶を割らないように歩くのが大変だった。

野田醤油の前の川は干潟になっていた。アサリ、アオヤギ貝、モクズガニもとれた。シオマネキがはさみを上下してリズミカルに踊る様子は圧巻だった。カニの穴の周りに泥まみれのアオサがあり、ざるで集めて海水で洗い、すのこに延ばして屋根に干した。乾燥したら手で揉んで粉にし、鰹節と溜りで温かいご飯にかけた。ミネラルたっぷりで海の香りがし、餅の中にも入れた。

野田醤油の少し先の梶ヶ崎の小山に氏神が祀られていた。秋の祭りには餅投げがあった。最後は枕大の俵に投げ餅がいっぱい入っている俵の取り合いが行われ、若者達の見せ場だった。

野田の村人のイベントといえば、芦ヶ池の水抜きだった。野田の田の水は芦ヶ池から引いていた。干上がった池には大きなコイがいた。家族総出でヒシやハスの実をとりに出かけた。ヒシの実は2cmくらいの大きさで菱形をしていて角があった。つるから取って茹でるとシイの実のような味がした。

芦ヶ池の東側の雨ヶ森には、野田村のために命を懸けた市場の河合清右衛門の首塚が建っている。江戸時代には農業の肥料は下草か海藻であった。野田村が比留輪山の下草の権利をめぐって赤羽根村と争いになって、野田村が江戸幕府に直訴した罪で、清右衛門は延宝2年（1674）に斬首となった。村人は恩人の墓を建て、今でも法要が営まれていると聞く。

東大寺の屋根瓦が渥美半島で焼かれていたという話や河合清右衛門の話を10年ほど前に聞いた私は、渥美半島や野田の歴史の重さを知り感動した。昭和39年に23歳になるまで、大自然の中でのびのびと育ててくれた渥美半島で過ごした昭和の時代に、岐阜の地から思いを馳せている。

唐人お吉の映画撮影も行われた

山口　光代（白谷町・昭和16年生）

　私の本籍地は出自から結婚までの間は白谷であった。山口県徳山市の出生は、父が呉海軍に従事していたからだ。しかし、父は私が3歳になる前に亡くなった。

　主に祖母に育てられ、いろいろな話を聞かせてもらい、今でも懐かしく思い出す。

　古い話では、祖母が祖母の祖父から聞いた話だが、村は年貢米の生産量が足りない分を焚き木で納めたようで、村のお連れと背負子に積んで足軽の家へ納めに行った。「どこへ置きますか」と尋ねると、「おーご苦労であった。そこに置け」と!!　自分は褌一丁でだいがらの上で臼の籾摺りをしながら言っていたとか?!　連れとの帰り道に「自分はあんな仕事をしながら偉そうにのう」と言いながら帰宅したそうだ。

　昭和初期の話だが、白谷の海岸の松林が伊豆下田に似ていたようで、高田浩吉、田中絹代主演の「唐人お吉」の映画撮影が行われ、白谷の若い衆もエキストラで出演したそうだ。

　また私が子供の頃、夜中に近くのお宮の太鼓をドーンドーンと叩く音がした。祖母に尋ねると、「あれはキツネが悪さしとるんじゃ」と言っていたが、後に家にお酒をよく飲みに来たお兄ちゃんたちが気晴らしにやったと聞いて、キツネじゃなかったと知った。

　私が4歳の時、昭和20年8月15日の終戦を満州国榮口市の社宅で迎えた。マグネシウムの製造会社の人たちは一団となって引き揚げが始まった。貨車で移動した先は、奉天（今の瀋陽）で兵隊がいなくなった後の兵舎でひと冬を過ごした。

　雪のちらつくある日、馬車（マーチョ）に乗って王（ワン）さんが私たちを尋ねて来てくれた。食べることに不自由しているのではないかと食べ物を届けてくれたのだ。

　終戦になると、威張っていた日本人はひどい目にあった話を多く聞いたが、榮口市にいた時の使用人だった王さんが遠くから馬車で来てくれたのは、きっと家族たちと王さんが仲良くくらしていたからだと思っている。私たちは翌年の6月に佐世保に着いて無事白谷に帰ることができた。

　西部小学校に入学し3年～4年は横浜市、萩市に移り住んだ。方言に悩まされて私は無口になりがちだった。当時の通知表に「無言実行なり」と書かれた。西部小学校6年の時、村の祭りが平日だったので、河辺先生がお宮に連れて行ってくれた。そこで男子が爆竹を女子にぶつけてきた。私が5円か10円で爆竹を買い、仲間に渡して男子に仕返しをするように頼んだ。当日、私が一番悪い子で河辺先生に叱られた。今思い出しても元気なおてんば娘だった。

　田原中学校へは歩いて山を越えて通ったが、帰りには友達3人くらいと一緒に歩きながら「東海の小島の磯の白砂に我泣きぬれて蟹とたわむる」という詩を読んだり、浪曲の虎造の真似をしたり、ササユリをどっさりとったりして帰った。ある時は藤七原を通りながら「納豆ー納豆ー」と叫んだら、近くの奥さんが出てきたので、「ごめーん」と言って一目散に逃げたこともあった。

　高校時代は自転車で片浜経由だった。白谷のトンネルは工事中で完成したのは卒業したころだった。

思い出の田原

小久保朝雄（田原萱町・昭和17年生）

　私は昭和17年に名古屋で生まれ、20年に和地に疎開した。和地の思い出は太平洋の波の音がいつも聞えていたことだ。

　昭和22年ごろに田原萱町の下町に引っ越してきた。田原では華園保育園、龍門寺保育園、田原中部小学校に通っていた。その当時の服装は着た切り雀の半ズボン姿で、藁草履又は下駄ばきだった。藁草履からゴム草履になったのは、小学校に入ってからで、その後はゴムの靴とだんだん進化していった。

　幼稚園や学校から帰ってくると、鞄を家において遊びに出かけ、日暮れ近くまで遊び惚けていた。遊び場は下町の一つ裏の路地で駄菓子屋の前に子供たちが集まり、いろいろな遊びをしていた。駄菓子屋では飴玉等お菓子だけでなく、冬になると壷焼きの焼き芋、味噌おでんも売っていた。そこには紙芝居が来て、水飴を買って見ることができた。

　遊びから帰ると入浴券、石鹸、手ぬぐいと下着等をもって銭湯に行かされた。帰って夕食を食べると、バタンキューというような毎日だった。

　探検と称して町中を散策した。小野田セメントのトロッコは、お城の裏を通って田んぼの中をまっすぐ小野田セメント方向に走っていた。汐川まで線路を歩いたことがあるが、汐川をどのように渡していたかは覚えていない。また、トロッコはいつの間にか見られなくなった。三河田原駅に行くと貨物列車を見ることができた。駅の前には小さな薪が干してあり、木炭バスの燃料にされていた。木炭バスも見られなくなり、ボンネットバスへと変わっていった。

　汐川の船倉橋の常夜灯の近くに係船堀があり、機帆船等いろいろな船が係留されていた。汐川はこれらの船が行き来する大切な水路だった。

昭和20年代の汐川の船倉港　鈴木政一撮影

　町の中で子供心に印象に残っているのは、渥美病院の前の東海漬物の樽が大きかったことと、沢山の大根が集められていたことである。近所の印刷屋の輪転機がギィバタン、ギィバタンと動いていて、飽きもせずいつまでも見ていた。萱町会館の裏の氷屋のおじさんが、鋸で上手に氷を切って自転車の後ろのリヤカーに乗せて配達にいったことなど、大人の働く姿も面白く思い出される。

トロッコ　田原物産センター提供

馬草の海3話

渥美　浩（野田町・昭和17年生）

【ポンポン船の思い出】

　神奈川県平塚市の農業の盛んな地区に居を構えて50年になる。お陰様で地元の人たちと公私ともに関わりを持つようになった。今から7年前の夏に地区社協の友人から熱海の花火を見に行こうとの誘いを受けた。10数人が車に分乗して行った先が、真鶴半島の付け根の福浦漁港であった。そこに普段は釣り人を乗せるための漁船が待機していた。出航に備えてみんなで夕食のおにぎりをほおばり、船酔いの薬など飲み、他の乗客を含めて20数人が釣り船に乗船して夕暮れを待った。船は花火の打ち上げ時間に合わせてゆっくりと熱海の海岸沖まで40分ほど航行した。

　熱海の花火は観光客目当てに日曜日に打ち上げており、まさに迫力満点であった。

そんな漁船に仰向けに寝転がって花火を見ていたら、なぜか幼き日の光景が突然よみがえった。

　正確にはいつの時点か思い出せないが、夏になると蒲郡で打ち上げる花火を馬草海岸からよく見ることができた。その花火を蒲郡まで行って見ようではないかということになった。

　山ノ神地区にポンポン船（正式な名称は知る由もなく勝手に名付けた）を所有している方がいた。その船は通常業務として、護岸堤防などに使用する石材などを運ぶ木造の貨物船で、おそらく100トンくらいの船ではなかったかと推定する。

　その船が大人や子供を数10人乗せて蒲郡沖まで連れて行ってくれた。運賃は100円くらいか？真っ暗な海上をひたすらポンポンというエンジン音を聞きながら甲板に寝転がり、馬草海岸から蒲郡に向けて一直線に三河湾を航行した。

昭和30年代の宇津江海岸　鈴木政一撮影

蒲郡沖の海上には多くの花火見学の船がいた。当然巡視船も活発に動き回っていた。船長が突然みんなに「皆さん巡視船が来てもお金は払っていないと言ってくださいよ。そうでないと捕まってしまうから。」と言うものだから、子供ながらに自分も捕まってしまうのかなと緊張した。実際に巡視船がポンポン船に横付けし、船長と何か喋っていた時は、恐怖がピークに達していた。そのおかげで花火を楽しむ余裕など全くなかった。船長がその後どうなったか、子供では知る由もない。

現在も野田町に住んでいる同級生にその当時のことを聞いたところ、ポンポン船は山ノ神地区に「ミヤ丸とノダ丸の2艘があり、いずれも石積み船。その他の家にも船があった。」との情報をいただいた。馬草海岸から花火見学のポンポン船が出たことも記憶があることも聞いた。

【海水浴場と木造のプール】

私が現在住む平塚の隣が大磯町といって、戦後の宰相吉田茂の別荘があったことで知られるところである。ここは日本で最初に海水浴場ができたことで有名である。近くには大磯ロングビーチもあり、昭和50年頃はたのきんトリオをはじめ当時のアイドルたちが来て、若者たちの歓声がキャーキャーと大変な騒ぎだった。また入場料が高くて、近くに住んでいても何回も行けるところではなかった。

渥美半島で最初に海水浴場ができた場所は馬草海岸と記憶している。当時は護岸堤防（現在の堤防とは違う）に数10の露店が立ったように記憶している。こんな田舎にも名古屋や豊橋から都会の人たちが大勢海水浴に来た。露店も出てパチンコ、ラムネ、かき氷、中華そばなど多彩であった。

波打ち際から40〜50m沖に木造のプールが浮かべられていた。ただ残念ながら長さが25m？や幅が10m？どれくらいかわからないが、小学生の私はプールまでたどり着くのが大変で、プールで泳いだという記憶はない。

上級生たちはよくプール内で競泳していたのでうらやましくもあった。そんなプールも昭和28年の13号台風によって流されたことと、海岸にサメが上がったなどの情報により一気に海水浴場はすたれてしまった。しかし、実際には県内の交通の便が良く、砂浜が広いところに海水浴場ができたことによるのではないかと今になって思い返す。

【アメリカ軍の戦闘機に銃撃された？】

昭和19年から20年にかけて、豊橋や豊川などへの米軍のB29による空襲が激しさを増していた。渥美半島を横切って名古屋方面を爆撃に行ったB29が、その帰りに残った爆弾を渥美半島に落としていったとの話を大人から聞いたことがある。爆撃機には護衛の戦闘機がついている。その戦闘機が馬草海岸で泳いでいた子供たちに銃撃を加えた。

「俺たちはふんどしのまま逃げまくった」この話は私たちが高学年になってから、実際に経験した実話を上級生たちから自慢げに聞いた話である。誰も怪我をしたり亡くなったりしていないので、自慢話で済んでいる。おそらく戦闘機のパイロットも面白半分で銃撃したのではないかと思うのであるが、よくよく考えてみれば怖い話である。

大草の庚申(こうしん)さま

横田 弘道(大草町・昭和18年生)

　大草の「庚申さま」は江戸時代から始まったようである。1年に6回訪れる庚申(干支のかのえさる)の夜に当番の家に集まり、念佛を唱えたり四方山話をしたり御馳走を食べたりして、言われの通り日付けが変わる0時過ぎまでその家で時を過ごす。私の所属する「勘十党」は平成30年頃まで愚直にそれを守ってきた。

　庚申さまの夜、私たち子供は別の部屋で、その日親たちが特別に買い揃えたお菓子や果物や甘酒などのおこぼれを食べたり飲んだりしながら大人が帰るのを待っていた。大人たちの席にはもっと多くの美味しそうなお菓子や果物が出ているのを知っていて、それを狙っているのだが、途中で眠気に負け眠ってしまう。それでも大人たちの夕ご飯が済み、残り物で私たちは夕食を食べるのだが、おひつから山盛りに残った真っ白い米のご飯、八丁味噌の味噌汁、沢庵の漬物までが、いい香りがして大変に美味かった。

大草勘十党の庚申掛け軸

黒塗りのわっぱ器

　昭和20年後半のお庚申さまの夜は、大人たちでも米のご飯を腹いっぱい食べ、甘いお菓子や果物などのご馳走をたらふく食べられる楽しみの時でもあった。

　庚申の夜、座敷の床柱に青面金剛童子の掛け軸を掛け、笹のついた2本の竹に注連縄を飾り、その前に果物、お菓子、御神酒、餅を備えて祭壇を作り、念佛を唱えその後で同行衆を接待するのである。その場には女性は決して加わらなかった。

　庚申仲間をお同行と言う。同行はそのグループの家の不祝儀(火事、葬儀等)に対しては、誰よりも先に駆けつけて手伝う。あるいは主人や身内に代わって取り仕切る風習があった。また、冠婚葬祭の時の宴席などでは一級の来賓扱いで上座に席が決

まっていた。

お参りの夜は、おでい（仏間、座敷）の廊下から上がり先ず祭壇にお参りをして、その後おおえ（居間）で当主に挨拶をする。時候の挨拶の後、「今晩は、お庚申さまを明かして下さりご大義（たいげ）さまで御座います。お参りさせてもらいます。」という決まり文句で始まり、その後一同に頭を畳にすりつけるようにして丁寧に挨拶をする。

全員が揃えば先達の鉦（しょう）の先導でお参りが始まる。お供物は、臼で餅をつき鏡餅を作り、その上に茹でたあずき豆をまぶした大きな餅を参加者に2個ずつ配った。何時頃からか餅がアンパンに代っていった。

私が昭和49年から参加している勘十党をもとにお参りの仕方を述べてみる。

【礼拝の仕方】

先達の打つ鉦の拍子に合わせて独特の節回しで、皆で南無阿弥陀仏を初めと御開きの前とで合計36度唱える。各回の前に願い文（回向文）を大声で唱える。

お唱えの時に扇子を前に広げてお参りをする。お庚申さまへお参りに出かける時は平服でよかったが、昔の名残で扇子は必ず持って行った。平成の時代になり備え付けの扇子を使用するようになった。

お百度礼拝は100遍（回）礼拝を行う。お拝をするときは、「南無、梵天・帝釈・青面金剛童子（なむ、ぼんてん、たいしゃく、せいめんこんごうどうじ）」と唱えながらお拝をする（参加者の合計で100回以上）。

【食事会　懇親】

食事は原則的におでいの祭壇の前で食べた。普段は食べられないご馳走を揃えた。

勘十党では昔から酒は一切出さず、お神酒を帰り際にお猪口に一口ずつ回し飲みするだけだった。

世代が違う人たちが集まるので、話題も豊富で楽しい情報交換ができた。

【御供養（おくりょう）さまの話】

旧暦の閏年（ほぼ4年ごと）に「御供養さま」という行事を行う。これは複数のお同行が合体して、特に盛大に丁寧にお参りをするのである。子供も含め老若男女家族中、時には親戚も招き大さわぎをした。お参りには経文を書いた梵木を用意し、所定の場所に立てその前でお庚申さまの形式で行った。大草では氏神様の社の境内の一角にその場所が決まっていた。

東組のお飾り器具類

その日は餅投げもあり、楽しく大勢で騒ぎ、御馳走を食べお酒を飲み、仕事もせずに1日を過ごした。地域によっては2日、3日と続く所もあった。特に赤羽根方面は盛大だった。御供養さまの当番は1代に1度位しか回って来ないので、その時の当主は大いに張り切ったようである。

このような御供養さまやお庚申さまも平成後半になると影が薄くなり、消えてゆく傾向にあるようである。

大草の「おくり神」

　私の中学生の頃まで、大草には「おくり神」という不思議な行事があった。古老のNさんの話から推測すると、100年以上前からあったようである。

　それは旧暦の2月8日と12月8日の年2回行われ、中学生になった男子だけが参加するもので、厄除け、厄払い等のために行われていたのである。

　その日の前日、東組と西組の中学生男子は学校を堂々と早引きして、寺に集まり本堂で一泊する。区長さんが中学生の前で挨拶をすることから行事が始まる。

　当日は午前3時頃起き出して、寺の住職に御幣を作ってもらい、身体を浄めて3、4班に分かれて、真っ暗な寒空に飛び出して大草中の家を走り回り、台所に入り込んでお竈（くど）をお祓いするのである。お礼としてお竈に置いてある1合か2合の白米を集めて寺へ持ち帰る。

　そのお祓いを見てはいけないといわれていて、家の人は顔を出さない。その当時は家に鍵など全く掛かっていなかった。ある家でお竈の上に湯気の立っているお湯が

お椀に3杯置いてあった。俺たちのために置いてあるのかと一瞬迷ったが、寒さで震える手でありがたく頂いた。

　午後、太い1本の竹を割って舟を作り、ヒノキの葉でふわふわに飾り、中央に紙で作った男雛、女雛を向かい合わせに座らせ、そばにおにぎりの弁当を丁寧に置いた。これが厄や災いを身代わりに受け取ってくれる神様だったのであろう。

　一方では、集めたお米を炊いて、きな粉餅やぼた餅、おにぎりを山ほど作った。そして鐘を鳴らして村中に合図し、大勢の子供を集めた。子供たちは大喜びで腹いっぱい食べた。

　日暮れになると、みんなで神様の座る舟を担ぎ、村境（新井境や水川境）のほうべの谷に流しに行った。その道中に鐘を鳴らしながら、「お〜くり神、お〜くるぞ！二〜月八〜日の事始め！」とか、「お〜くり神、お〜くるぞ！師走八〜日の事納め！」と大声で叫びながら神輿を担ぐように練り歩き、大騒ぎをした。

　村境に着くと力いっぱい遠くへ投げ捨てた。最初の角を曲るまでは後を振り向くなと言われていて、全力で走って逃げ帰った。角を曲がると、みんな道にひっくりかえって息を弾ませ、夜空を見上げながら大声で語り合い笑い合った。

　これは昭和33年に廃止になった。私たち同級生が最後の体験者である。

子供が作った神様人形

残留孤児にならなかった私
－両親が話してくれた私の生い立ち－

河合　睦美（大草町・昭和18年生）

私の父は鏡浦公立国民学校の教員だった。鏡浦は白砂青松に囲まれた周囲5㎞もある波静かな美しい湖である。西岸の高台に韓国特有の月見台がある。毎年中秋の名月の夜、往時の高官たちが観月の宴を張った高楼である。

日本へ引き揚げてきた時の出来事を次のように両親が書き留めてくれていた。

私（父）の住居は鏡浦烏竹軒（烏竹に囲まれた孔子廟）にあった。この官舎で君（睦美）はすくすくと元気に育った。隣の友達が、「イルワー」と呼びに来ると、君は「イルワー」と返事をして裸足で駆け出していった。低鉄棒にぶら下がっていた元気な姿が目に浮かぶ。

昭和20年終戦を迎え、事態は急変し、引き揚げなければならなくなった。少しの猶予もなく、君のために必要な物だけを持って海岸伝いに逃げた。昼間は見つからないように物陰に潜んでいて、夜ひたすら走った。2歳の君が泣いては困るので、手ぬぐいで猿ぐつわをした。何人も子供のいる人は、物やお金と一緒に子供を預けている姿はとても寂しかった。

何日もかかって釜山港に辿り着き、引き揚げ船に乗った。海に浮かぶ機雷を避けて船は進んだ。幼児や病弱な子は息絶え絶えになり、海中に埋葬する親の姿を見るのは悲惨だった。下関に着いた時は言葉では尽くしがたい安堵感に満たされたが、一緒に帰ってきた人達は声も出さなかった。

朝鮮半島から日本に引き上げるまでの経路

やっとの思いで豊橋駅に降り立って、焼け野原の街の様子を目にした時の衝撃は、今思い出しても身震いする。何とかして実家に辿り着いたものの、赤痢が蔓延しており、身体が衰弱していた君はすぐに赤痢にかかった。元気に走り回っていた2歳の君は足腰も立たず、声も出せなかった。往診してくれた医者がペニシリン注射をしてくれたおかげで一命をとりとめた。この注射は1本で月給1か月分の高額だった。大草での田舎暮らしは食べ物にも恵まれていたこともあり、徐々に回復し元気になった。

小学校1年生になったが、風疹にかかったり熱を出したりして、たびたび欠席をして私たちを心配させたが、2年生からは一日も休まず登校できた。

残留孤児になった人が自分の身元を捜し求める姿をテレビで観るたびに、人ごとではなかったと目頭が熱くなった。それにしても、朝鮮の人たちは孤児を慈しんで育ててくれていたのだと両親に聞かされ、複雑な気持ちになった。

戦争・地震・疎開、つながるご縁

杉村　克代（伊良湖町・昭和20年生）

　太平洋戦争も終わりに近い昭和19年12月と20年1月に大きな地震があった。そんな中、名古屋市港区で私は生まれた。

　父はすでにフィリピンで戦死していたそうだ。傾いた家の中で親子2人が暮らすこともままならず、伊良湖村の母の実家に住まわせていただくことになった。戦後には、母の兄2人の家族も中国の安東と天津から引き揚げ、1軒に数家族が暮らした。幼かった私にはその頃の記憶はないが、想像も及ばないほど大変な状況であったことだろう。伯父達は数年後に別の町へ移っていった。

　昭和26年、私は伊良湖小学校に入学した。1年生は27、28人。担任は村の小久保きみ子先生、校長は粕谷魯一先生であった。魯一先生は郷土史家であったことを後年になって知った。

　その頃、伊良湖で港の工事がはじまっていたが、浜辺には建物もなく、夏には月見草があたり一面に咲いていた。岬先端の古山の崖には小さな滝も流れていた。

　港の工事のための県土木の事務所があり、一緒に住んでいた従姉が働いていた。我が家も事務所の方々と親しくしていただいた。職員さんの1人は田原の木村歯科医院のお兄さん、用務員さんご夫妻は今の灯台茶屋のご主人のお祖父ちゃん、お祖母ちゃんである。

　2006年に『伊良湖誌』という立派な冊子ができた。村の有志の皆さん、大学の先生方のお骨折りによるものだ。その本の中に3人の女性の右側に小さく写る6、7歳頃

昭和28年当時の古山『伊良湖誌』(2006)

の私が写り込んだ写真を見つけてびっくりした。浜の月見草の中にお友達と立っているものだ。その写真は天野四郎さんが撮影されたと知った。現在の渥美俳句会会長の天野郁夫先生のお父様、田原市博物館副館長の天野敏規様のお祖父様である。

　80歳近くになった私の記憶もかなりおぼろげになっているが、ポツンポツンと伊良湖のあれこれが美しく鮮やかによみがえる。御衣（おんぞ）祭りのあの賑わい、おもん川のホタル、お墓の曲がり角の薄紫のムクゲ、お寺の大きな松の木…。

　小学2年生で福江に引っ越した後も、毎週土曜日には伊良湖へ帰った。伯父、伯母は自分の娘のように、いとこ達は自分の妹のように接してくれた。今もそんな関係は続いていて、せっせと伊良湖へ通っている。

　　伊良湖崎詩（うた）に尽くせぬ初景色
　　鷹柱とけば険しき旅ならむ
　　　　　　しばし憩へよ伊良湖岬に

　今の科学をもってしても地震を避けることはできないが、戦争は人々の良心と知恵があれば防ぐこともやめることもできる。一刻も早く世界中が平和になりますように。

ものづくりが身近にあった

大久保文夫（田原新町・昭和22年生）

　昭和30年代の新町がどんなところだったのか、そこで知った子どもながらの小さな世間とは何だったのか。おぼろげな記憶をたよりに振り返ってみよう。ちなみに、我が家は新町交差点のすぐ前にあり、郊外の三軒屋辺りにいくらかの田畑を持った農家であった。土日などは農家の手伝いが当たり前の環境をぬって、友だちづきあいをしていたものだった。

　新町は当時の田原町の人口密集地である萱町・本町の一角を占めていた。私たちいわゆる団塊の世代（昭和22〜24年の出生は全国で約806万人）の者たちが、大仰に言えば町中（我が家の場合は両隣も）にあふれていた。中部小学校の運動会では他地域を合わせた地区対抗の競技も大盛況だったし、9月の三町での田原祭りでは中学3年生がしきる子供連のメンバーには事欠かず、大通りから小路まで大賑わいの様相だった。後年、石を投げれば同学年生にあたる、とは飲み屋などで同輩と自嘲気味に言いあったものだ（笑）。昨今よくいわれている高齢化問題の根源は、実はこの団塊の老人たちにあるのである。

　さて、話を戻そう。当時の住宅地図を見ると国道や旧道沿いの随所に小売店や作業場が混在しており、これが住民の衣食住と職を支えていたのだと分かる。今ではなくなったが、食料品・衣服・履物・菓子などから建具・鍛冶・農機具・染物・味噌醤油・豆腐など、小売店の商人や作業場の職人や買い物客で町中が活気づいていた。そこ

には掛け合う声など無数の音が雑多な匂いとともにあふれ、流行歌も流れていた。テレビのなかったあのころの「お富さん」も町のどこかで聞き覚えたのかもしれない。

　嬉しかったのは、店舗を兼ねた作業場が小売店のように通りに面していたので、そこで色々な品物ができていく様子を実感できたこと。たとえば鍛冶屋のおじさんが真っ赤に焼けた鉄を打つ音や火花の緊張感は見ていて飽きなかった。同じように他の作業場を覗き、時にはすぐ傍で物づくりのなんたるかを見聞きしたように思う。店の業種は〇〇屋という商売や職業を表わす屋号で知ることができた。

　思えば魚を捌く人も豆腐を作る人も家を建てる人も皆すばらしい職人だったのだ。いまや町で職人の仕事姿を見ることはなく、量販店やスーパーで買う商品の作られ方を知ることもできず、生活の仕方もすっかり変わってしまった。それが高度経済成長による社会の変化だったことは後で理解した。それだけに近年のものづくり再評価はうれしい。

　補足だが、同級のM子が中2で出した200m走29.3秒の田原中学記録はいまだ超えられず、彼女の輝かしい昭和は続いたままだという。

田原祭り　鈴木政一撮影

36

田原銀座（上町通り）を覚えていますか

加子大二郎（田原萱町・昭和22年生）

　渥美線の電車を降り、駅前通りを北へ真っすぐ数分間ぶらぶら歩く。やがて259号線に出会う。そこが町で一番賑やかで交通量の多い萱町交差点である。そこから上町商店街が始まる。〔渥美半島の昭和を記す会編『渥美半島の昭和』（2022）p40「昭和30年代の田原の商店」図参照〕

　編集者から昭和30年頃の町の様子、生活、特に子供たちの遊びに焦点を当て、できるだけ具体的に書いてほしいと依頼があった。多少の不安もあったが、筆を執ることにした。何しろ、60〜70年も前の話で記憶も曖昧で、思い違い、誇張もあると思うが、そこはご容赦願いたい。

　上町通りは小型の車がやっとすれ違うことができる程度の道幅で、年末年始の大売り出し、お祭り、夏の夜店などには老若男女が繰り出し、押すな押すなの大盛況であった。当時は大型ショッピングモールなどない時代、人々が殺到するのも当然のことだった。

　商店街はハナガタ屋金物店、マスキン商店から始まり、ヤマブン、マルナカ、マルトヨといった老舗呉服店、マルカ、スイノヤ、ミツルヤといった洋服店や洋装店が隣り合わせになったり、通りをはさんで向かい合っていたりしたため、激しい販売合戦が繰り広げられた。トミヤ化粧品店も若い女性が集まり、ずいぶん華やいだ雰囲気であった。子供たちに人気があったのはミドリヤ玩具店で、女の子向きの人形から男の子向きのプラモデル、楽器、スポーツ用品に至るまで

なんでも揃っていた。その隣がエビスヤで、店番をしている小母ちゃんは店の名前のような優しい恵比須顔の人で、小銭を握りしめて買いに来る幼い小学生に優しく接してくれた。まるで樋口一葉の小説に出てくる駄菓子屋のような雰囲気があった。その隣がナミハナヤ酒店で一杯飲み屋のようなカウンターが併設されていたので、昼間から酒臭い上機嫌の小父ちゃんたちで賑わっていた。その向かいがカコ荒物店で、釣り道具も扱っており田原界隈の太公望たちが集まっていた。通りの中ほどのタナカ電化センターでは電化製品だけでなくレコードも販売していた。三橋美智也、春日八郎、美空ひばり、島倉千代子などのヒット曲を大音響で流していた。わが家といえば商店街の中ほどで父親がしていた歯科医院だった。

　上町通りの突き当りがコマヤ洋服店で中町通りとなり、坂を下り下町通りに至る。坂の途中の右手にタカハシ精肉店があり、店先で揚げていたコロッケのジュージューという音と匂いが、ガラス越しに並んで待つ子供たちを大いに楽しませてくれた。ほかほかのコロッケ1つが5円。懐かしい思い出である。

　上町通りは田原唯一のいわゆる不夜城通りで、小ぶりながらネオンサインがあり、アーケードもかかっていた。商店が閉まると車の往来は殆どなくなり、アスファルト舗装されたそこは、近所の子供たちの格好の遊び場になった。戦後のベビーブームのせいで、どこの店にも小学生の男女が3、4人はおり、誰が誘うでもなく夕食を済ませた子供たちが集まってきていた。道路にチョ

ークで線を引いて石蹴りをする子、ドッジボールやキャッチボールをする子、縄跳びをする子と、みんな思い思いにグループを作って遊んでいた。私が得意なのは駒回しで、母親が使用したハンドクリームのプラスティックの蓋に乗せて競ったものだ。夏には夕涼みしながら、大人たちも交えて縁台将棋を楽しむ子もいた。

　上町商店街で育った子供たちはみんないい子ばかりで、いじめは決してなかった。上級生は下級生の面倒を見たし、下級生は上級生を慕っていた。あのころの子供たちには道路だったり広場だったり、遊び場はあちこちにあった。今ではとうてい考えられないことである。

　都市再開発という大義名分によって完全に消滅してしまった子供たちのユートピアを、どこかに見つけてあげたいものだ。

アーケードがかかる前の上町通り　鈴木政一撮影

本町通りの今昔

広中　貴彦（田原本町・昭和22年生）

今から65年ほど前の昭和30年前後、私が小学生だった頃の本町について記憶をたどっていきたいと思う。

本町通りは東西に走る田原のメイン通りだった。最初に思い出すのは神明社である。本町と萱町の氏神様であるこの神社は子供にとっては最高の遊び場だった。昭和34年の伊勢湾台風で多くの樹木が倒れた。今は鳥居のすぐ左手が明るい公園になっているが、それ以前は鬱蒼と木が茂っていて社殿を取り囲むような深い森になっていた。夏には肝試しをするのに格好の場所だった。鳥居を抜けてすぐ右の森に入り社殿の裏を通り、公園になる前の森から出てくるというコースである。昼でも薄暗く子供にとっては、肝を冷やすに十分すぎる恐ろしさだった。小学5、6年生になると、社殿の屋根を超えるとホームランというルールで、境内ではよくソフトボールをして遊んだ。

さて、懐かしの本町通りを振り返ってみる。神明社から30m程下ると右手に役場があった。今は藤城自転車屋と源氏寿司になっている。向い角に日米堂ラジオ店があり、今は美味しいだんご店として時々テレビで紹介されている。1軒おいて吉田屋燃料店、今は晩田へ移りハローという住宅設備会社になっている。その次は花井芳五郎商店で味噌と醤油の製造販売をしていたが、今は駐車場になっている。次に郵便局があった。役場と郵便局が15m程の至近距離にあったわけで、当時はここが田原町の行政の中心地だった。その隣が大塚写真館で今は住居となっている。さらに表具屋があり、続いて嶋田屋という靴屋があった。

役場にもどって今度は道の反対側を左に見ていく。朽木代書屋があり、今は大場代書になっている。横手に森下理容室があり、今は森下教育書道学園という習字教室になっている。中部小学校へ通じる道をはさんで丸善商店という食料品屋があったが、実は私の実家である。現在は東輪塾という学習塾をやっている。

東へ行くと和田屋がある。田原の大庄屋で江戸時代には伊能忠敬が日本全国の測量の途中に泊まったという記録が残っている。その跡は田原証券になったが、現在は営業をしていない。次が丸中鶏卵問屋だったが、今は広小路から殿町へ通じる道路になっている。

こうして振り返ってみると、小学生の頃に私の家の辺りにあった店で今でも続けている店は1軒もない状態であるが、その子供たちは住んでいるようである。なんとなく寂しい思いもするが、時代の流れに上手く対応して生きていると言えるのかもしれない。

神明社　當行寺　役場　日米堂ラジオ店　吉田屋燃料店　花井芳五郎商店　郵便局　大塚写真館　表具屋　嶋田屋　朽木代書屋　森下理容店　丸善商店　和田屋（田原証券）　丸中鶏卵問屋　金源金物店　岩井堂　石川印舗

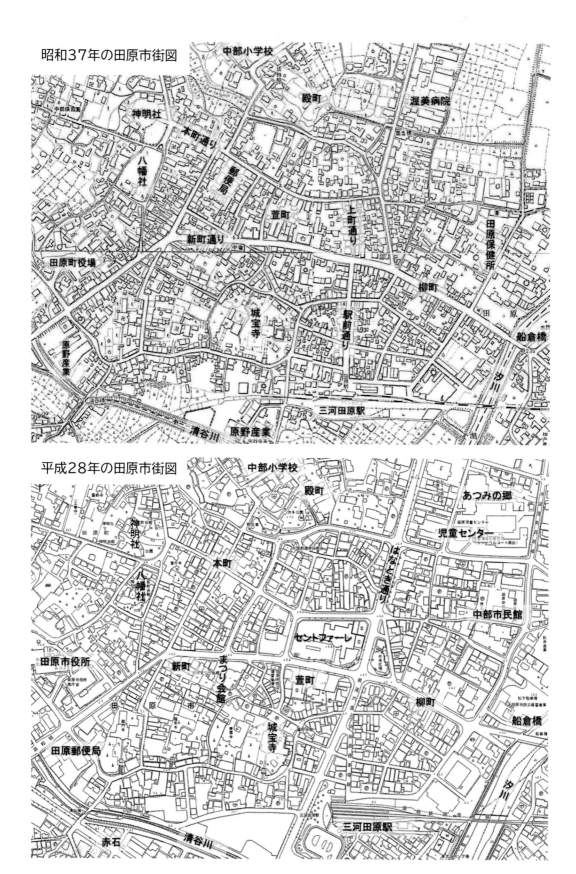

昭和37年の田原市街図

平成28年の田原市街図

「クワバラ・クワバラ」と落雷の思い出

小林　一弘（片浜町・昭和22年生）

　確かな記憶ではないのだが、昭和30年頃、片浜村の民家の軒先に雷が落ち、火事になりそうになったことがあった。

　その日の雷鳴は私の生涯忘れられないほど凄まじいものであった。家中の者が薄暗い部屋の片隅に寄り添い、「くわばら、クワバラ、桑原。雷神様、そんなに怒らんどいておくれん。わしんとう（私等）は、おそがくて（恐ろしくて）、おそがくて震えとるだで。早く、遠いどこかへ行っておくれん。」と母親は言うと、耳を塞ぐ私たち兄弟に「クワバラ、桑原」という呪文の由来を次のように話してくれた。

　菅原道真公の領地があった桑原には、一度も雷が落ちなかったという言い伝えから、落雷を防ぐ呪文になったということを母親が誰かから聞いたということだった。

　「それなら、木下さんの桑畑へ逃げるといいのかん。雨に濡れるし、稲光がおそがいじゃん。」と返答したとき、一段と鋭い稲妻が走り、ドスンという音がした。家が揺れたように思った。暫くして雨が止み、雷鳴も聞こえなくなったので、雨戸を開けて外へ出てみた。

　表の方で賑やかな声がしていた。「雷が落ちたで見に行くぞ。」ということだった。その子らの後について行くと、すでに人だかりがあった。又右衛門さんの門長屋の軒先の木が黒く焦げて裂けていた。

　年長の保男さんが「おしんとう（お前等）は、来るのが遅かった。ゴロゴロ様（雷様）はたった今、蔵王山の天辺から雲に乗ると言って帰って行ったぞ。まだ、向山池の道を歩いているかも知れん。追いかければ見られるぞ。」と笑った。さらに、「子どもの雷様でおちょけて（調子に乗って）、雲の上から足を踏み外したのだろう。」と付け加えた。

　俺たちは、「見に行くぞ。」と声を上げて後を追いかけた。向山池まで行ったが、雷様の子は見当たらなかった。蔵王山の天辺の雲は東の方へ流れて行った。そこには、大きな虹がかかっていたような気がする。きっと雷様の子は雲に乗れたのだろうとその時は思った。

　木下保男さんは、片浜村では最後まで養蚕を営んでいた人である。豊川用水の土地改良事業が始まった時、蚕様の餌となる桑畑も地図から消えた。その後、保男さんは養豚、ブロッコリー栽培の先駆者として活躍した。

※昭和32年（1957）秋以降の景気後退により、繭の価格は下落して「繭糸価格安定法」に基づく最低値を割った。そのため製糸業の2割操短、夏秋蚕繭の2割減産が実施された。昭和37年（1962）の生糸輸入自由化を経て、日本は生糸の輸入国に転じていた。国内においては和装需要の減少が大きな要因であった。

　愛知県統計年鑑によると、旧田原町の桑園面積は昭和30年245反（2,450a）、養蚕農家は90戸であったが、昭和37年には、面積は9反、農家は2戸にまで減少している。

「太陽の季節」と片浜海水浴場

小林　一弘（片浜町・昭和22年生）

昭和30年に石原慎太郎（1932～2022）の小説『太陽の季節』が発表された。育ちも人間性も境遇も行動も、田舎育ちの自分たちとは全く違う異次元の世界。同じなのは夏の海が遊び場であったということだけ。それなのになぜ、「太陽の季節」に魅せられたのだろうか。

学校の先生や大人から見れば、既成の秩序にとらわれず、奔放に行動する戦後派青年の典型。夏の海辺で享楽的な遊びにふける不良集団を意味する太陽族ではあったが、映画化された石原裕次郎の魅力により社会に大きな影響を与えた。

昭和28年9月25日、台風13号は午後6時頃三河湾を通過した。秋分の大潮、満潮時刻と重なって異常潮位となり、午後7時過ぎ海岸の堤防を決壊させた。

「沖新田がやられた。南河岸も見えん。水が寺海道を登ってくる。」私はこの日、母の在所である浦に泊まっていた。浦村の消防団で詰めていた母の弟である忠夫さんが高潮の様子を知らせてきた。お爺さんの秀作さんも合羽を着ると詰所へ出かけた。私は片浜の家のことを心配したが、風が静かになるとそのまま寝入った。

片浜の海岸も酷い被害を受けた。高潮は観音堂まで上がり、魚が打ち上げられていたとの話を聞いた。海水浴場にあった木戸三別館、尾張屋支店などの保養所は高潮によって流されたが、翌年には例年通りに海水浴場は再開された。

風紀が悪いとされた海水浴場ではあったが、5、6年生になると、村の青年団の仕事の手伝いに駆り出された。海水浴に来たお客さんへの貸し筵（莫蓙）を運んだり、貸し間（休息所）へ案内したりする仕事だった。

バスが臨時停車場に着くとほとんどのお客さんが莫蓙を借りに来た。年長者の采配で莫蓙を担いでお客さんの望む場所まで小学生が運んだ。

若いカップル（当時はアベックと呼んだ）が来ると、みんな順番を譲り合った。カップルの客は人目を避けたいのか、西ノ浜の白谷村との境に近い松林まで行くからだった。夕方に回収に行くのも遠いので嬉しい客ではなかった。

ところがである。年長の者がしつこいことに、「やい、どの辺まで行っただあ。西畑のスイカやトマトが荒らされないようにちょっと見回って来るで。」などと言ってカップルを覗き見に出かけるのだった。一段落した昼飯時は、偵察から戻ってきた奴等の戯れ言に、皆は毎度同じように相槌を打って、笑い転げた。

片浜海水浴場は大きな松林の下、松風、潮風を聞きながら家族が避暑を楽しむ健全な海であり、太陽族は現れなかった。

昭和41年、旧片浜海水浴場は港造成のため「本年限り閉鎖」の看板を立てた。

昭和20年代の片浜海水浴場　鈴木政一撮影

伊勢湾台風

小林　一弘（片浜町・昭和22年）

　昭和34年9月26日の伊勢湾台風の時、私は中学校1年生だった。当日は朝から台風接近を予感させる空模様だった。

　学校では「大雨が降りだすと、蔵王山の峠の落石があるかも知れん。」と暢気なことを言っていたが、風が強まっていた。

　13号台風よりも強烈で大きな被害が予想されるとの報道であったが、片浜地区の我が家では何の対策も取らなかった。

　停電になると困るからと夕食を早くすませたが、これまで経験したことのないような風の気配であった。

　鶏舎の見回りに出かけた母がすぐに戻ってきた。「とてもじゃないが、鶏舎は風で飛ぶだろう。」と言いながら、母屋の雨戸の釘付けを始めた。しかし、雨戸は風圧に耐え切れずにすぐに外れてしまったので、家の内側から板で補強をした。

　停電となり、暗闇が不安を募らせた。午後6時半頃、家の柱が風に揺れ、天井から土壁が落ちてきた。

　「前の納屋に逃げ込んで稲藁の中に身を隠せば、命だけはあるかもしれん。」と家族4人は思い、座布団を頭にのせ玄関の大戸を開けて外に出た。外は雷光で明るかったが、雷鳴は聞こえなかった。黒い小枝が空中を舞っていた。

　ガシャンという音がし、屋根にあった温水器が落ちたかなと笑ったが、顔は引きつっていた。風が大きな息をするかのように強弱の鼓動を感じた。竜巻の中にいるかのような急激な気圧の変化を感じ、耳がキーンと痛くなった。地獄の底に落ちていくかのような恐怖を感じた。そんな時間がとても長く感じ、恐怖に疲れやがて眠りに落ちた。ふわっと体が浮くような錯覚を感じた。

　「東の者は生きておるかん！」西隣に住むお志津さんの声がし、納屋から顔を出すと、返しの西風に朝日が眩しかった。2階家の母屋は平屋になっていた。

　地元の消防団員や近所、親戚の人たちが全壊した母屋の片づけに駆けつけてくれ、励ましの言葉と物資の両面に渡り大変なお世話をいただいた。

　伊勢湾台風による未曽有の高潮の発生とそれに伴う堤防の決壊は、名古屋市を中心とする臨海部低平地に大災害を引き起こし、多くの人命を奪った。暴風による被害も大きく、伊勢湾沿岸で45m/s以上、瞬間的には65m/sを超えたという。

　11月になり、衣替えはとっくに過ぎていたが、夏服で通学していた。氷雨の降る朝、理科の先生も半袖姿で教壇に立っていた。私の学級ではもう一人、家屋全壊の被害を受けていた。私が半袖でいることを先生も不憫に思われ、あえて私に合わせていたということを後年になって伝え聞いた。

　この年の夏、私はスズメバチが母屋の2階の部屋に入り込んで作りかけた巣を取り去った。その後、ハチは巣を掛けようと飛んでこなかった。「ハチが低い場所に巣を掛けると、その年は台風が多い。」この家の危うさをハチが予知していたと思った。このことわざ通りの出来事を家人の誰にも話さず、秘密にしていた。

幼少期の回顧

尾川　克也（東神戸町・昭和22年生）

　終戦間もない昭和22年、神戸村の兼業農家の長男として生を受けた。

　敗戦の混乱が依然として残っていた時代だったと思うが、確かな記憶はない。散発的に脳裏に浮かぶのは、昭和28年に東神戸保育園が開設され、年長組として通園した頃からのできごとである。

　保育園には遊戯室が併設されていて、さまざまに使われていた。巡回映画が時々行われた。その日の夜は家族全員で映画鑑賞を楽しむ。場所取り用の莫蓙（ござ）を持参するのは、子供たちの役割だった。時代劇が多かったように思う。帰宅後蚊帳に入り兄弟で眠りにつくまで感想を語り合った。懐かしい思い出である。

　東神戸保育園には、集落の中で唯一の交換手を呼び出す黒電話が敷設され、地区民が共同利用していた。2年後には地区の中心地に万（よろず）雑貨屋として開店していた消費組合にも電話が設置されると、こちらを使うようになった。消費組合に小麦を持っていくと、うどんに打ってくれた。昭和42年から各家庭にもダイヤル式の黒電話が普及していった。

　神戸小学校時代の思い出は、入学式の日は校門の桜が満開であり、築山の金次郎の石像を背景に母親と写真撮影をしたことから始まる。

　小学校までの道のりは2kmもあり、農作業に出かける途中の牛車の荷台に飛び乗って通学したこともあった。御者は怒ることもなく笑顔で乗せてくれた。大勢の児童が荷台の後ろに集まりすぎたため、荷台の留め具が外れて大変な迷惑をかけたことも思い出に残っている。

　子供の頃の仲間遊びは、パチンコ、パンキ（メンコ）、独楽回し、そして缶蹴りが主流であった。パチンコはビー玉を使ったもので、地面に直径2mほどの円を描き、円の中にビー玉を散りばめておき、円の外から自分のビー玉を円内のビー玉にうちつけて円の外に弾き出す遊びだった。パンキは雨の日に煙草の乾燥小屋の軒下を使って遊んだ。乾燥小屋には薪の焚口があり、甘藷（サツマイモ）や馬鈴薯（ジャガイモ）を焼いて食べたりした。

　男子特有の遊びとして、竹を細工してホウ玉鉄砲も作った。水鉄砲のように竹筒の砲身の中の空気を圧縮して飛ばすもので、ホウノキ（カクレミノ）の実を前後に2つ詰めて弾に使った。パンという大きな破裂音がしてよく飛んだ。

　メジロ捕りも忘れられない遊びだ。まっすぐに伸びた徒長枝に自前で作っておいた鳥黐（とりもち）を巻き付けたウメの枝、そして囮（おとり）のメジロを入れた鳥籠を持って、夜明け前の薄暗い中、浜辺の森へと出掛けたものである。鳥黐にメジロが止まった瞬間の興奮は、未だに鮮明な記憶として残っている。できるならば今一度経験してみたいものである。

　針金を使った罠での野ウサギ獲り。藪をじっくり観察すると、けもの道は容易に発見できた。木々を組み合わせて作ったクビッチョの罠での野鳥捕りは貴重な体験である。食用肉の不足していた時代だったので、食卓の大きな一助になり家族に大いに喜

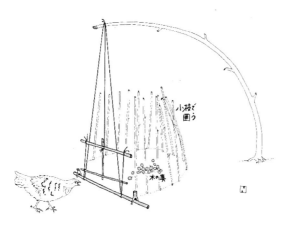

野鳥を捕ったクビッチョ

ばれた。獲物の解体は母親に委ね、私は傍らで見入っていた。ヤギも飼っていて、乳搾りは私の仕事だった。

　疎開してきた家庭の友達と一緒に地引網漁の手伝いもした。網にかかってきた魚を外すのが子供には大変難しかった。大漁時には、イワシの大群で海水の色が変わるほどであった。イワシは崖下に建てられていた漁師小屋の数基の大釜で茹でた後、砂浜で天日干しされた。茹で上がりのイワシを頬張った時の味は忘れられない。裸体で地引網を引いていた老人が数名いたが、男衆の褌姿に同化されて当時は何の違和感も覚えなかった。

　砂浜は今とは比較にならないほど広かったので、頻繁にソフトボールで遊んだ。風向

地引網の表浜漁師　田原市博物館蔵

きの影響で小さな砂丘ができていたので、サンドスキーも楽しんだ。

　近所の庭の果物や畑の作物などは、許しを請うこともなく採っても咎められることもなかった。当時は殊の外寛容であったように思う。柿・イチジク・ミカンの他、桑・ホソバ・ヤマモモ・シイの実などよく食べたものである。特に夏のスイカとサトウキビの甘味は忘れられない。

　サトウキビは黒砂糖の原料であった。サトウキビをローラーで潰し、搾り汁を集め大きな釜で沸騰させて作り、釜に残ったものが黒砂糖となった。子供だった私は焦げないように竈の上から大きな杓文字（しゃもじ）で常にかき回していた。土手に横窯を掘り、炭焼きも手伝ったこともある。

　当時は、桶屋が最盛期であった。祭礼の時の神輿の骨組みを竹で作っていただき、紙はり色付けなどは子供たちの共同作業で行われていた。祭花なども手作りであった。

　父親同伴で賑やかな縁日に行くと、軍帽を被った白衣姿の傷痍軍人をいつも見受けた。子供ながらにも心が痛んだ。

　通称「竈回り」という役割があった。夕食後に子供たちを数班に分け、地区の70世帯を「火の用心」と叫びながら、薪を使っている台所の火の元の点検を行った。大きな番犬に吠えられ怖い思いをたびたびした。

　神戸中学校では、農耕用の和牛を飼っていた。餌などの世話をする当番があり、学校裏の畑では小麦を栽培していた。

　その後、神戸中学校は廃止され、昭和37年に現在の東部中学校に統合され、私は2回生として卒業した。

保育園の頃

鈴木　利雄（白谷町・昭和22年生）

　我が家は、曽祖父母、両親、姉、私、弟の7人家族だった。祖父母、つまり父の両親は父が子供の頃に早世していたため、私にとってのおじいさん、おばあさんは曽祖父母であった。

　2歳下に弟ができて、それまで私が吸ってきた乳を弟が独占することになった。それが嫌でぐずっては母を困らせていた。母は私に何とかあきらめさせようと乳首に墨を塗った。それではとても吸えない。あきらめたわけではないが、それからしばらく母と添い寝ができず、おばあさんが添い寝してくれた。それでも乳の吸い癖がついているから垂れ下がったおばあさんの乳首をしゃぶっていた。おばあさんは明治8年生まれでその頃75、76歳くらいだった思う。叱りもせずただ笑ってしゃぶるにまかせていた。それで何だかあきらめがついたようだった。

　4歳になる頃、地元に保育所のような所ができて通うことになった。そこは民家の空き家のような所だった。家から500m程離れた場所にあった。最初は嫌で何度もぐずっていたようだが、何とか通えるようになった。朝出かけるときは1人で行くのではなく、そこへ通う子供たちの家を順々に回って集まりながら揃っていくことになっていた。呼びに行くと、兄は出てきても弟がなかなか出てこない。「どうした～」と聞くと、まだ乳を飲んでいるから来られないという。皆がエ～と言って、それでもおいていくわけにはいかず、出てくるのを待っている。何だかんだ言っても皆そうしてきたのである。

　その頃はまだ戦争の後遺症が残っているような世相だった。兵隊服を着た眼の窪んだような人が、荷物を担いで物を売りに来ていた。歯ブラシや箸、ゴム紐など、色々な物を持ってやって来た。食べるものが少ない時代であったから、生きるために必死だったのかもしれない。要らないといくら断っても帰らずに、何とか売りつけようと凄んで見せることもあった。そういう人がやって来ると子供は怖いので外で見かければ物蔭へ、家に来れば奥の方へ隠れるようにしていた。ある時、兵隊服を着た人が保育所の近くへやって来るのがガラス越しに見えたので、皆で知らせ合って座卓の下に隠れて様子を見ていた。他の家に行った後、帰っていくのがわかるとほっとした。

　民家を使った仮設のような保育所から1年後には、その近くに新しく開園した西部保育園に移ることになった。

　物売りの人たちは、その後も家の方へ入れ替わり立ち替わり、様々な物を担いでやって来た。中には米菓子売りなどの楽しみなものもあった。味付けなどしてないただの米せんべいのようなものだったが、それでも欲しかった。一斗缶で担いで来ての計り売りである。親にねだっては買ってもらった。

農耕と牛

鈴木　利雄（白谷町・昭和22年生）

　私が高校生になるまで、我が家の農耕を支えてくれたのは牛だった。小さいながら牛小屋もあった。

　牛を飼い始めた当初、父が牛に牛車を引かせたり、農耕に必要となる基本的な動きを教え込んだりするのにずいぶん苦労していた。それでも繰り返しやらせているうちに、いつの間にか牛は覚えていた。

　牛が働けるようになると、農耕もかなり効率よくなった。牛に鋤を引かせると、土が深く滑らかに耕されていった。白谷の棚田や段々畑のようにろくに道もないようなところでも、牛なら入っていけた。とにかく、牛は田んぼでも畑でも黙々と働いてくれた。それどころか、イモや稲の収穫時には、満載の収穫物と人を載せて長い坂でも越えてくれた。

　自分でも牛の世話ができるようになると、餌やりや糞の掻き出しも手伝った。慣れてくると、頭や鼻づらを撫でることもできて、牛に話しかけていた。

　白谷は地元に田んぼが少なく、多くの農家が野田地区の整備された田んぼを所有していた。我が家も同様で、稲作のほか、菜種油用の菜の花を栽培したり、窒素肥料となるレンゲを蒔いたりしていた。

　トレーラー付きの耕耘機や自動車が普及するまで、白谷から野田の田んぼへはいつも牛車で行った。我が家の牛車はタイヤではなく、木の車輪に鉄輪がはまったものだったから、当時はデコボコ道だらけで、鉄車輪のガラガラ音と尻に直接伝わる振動が最初は気になった。でも慣れてしまえば楽ちんだった。とにかく乗っているだけで行けるし、何よりゆっくりと景色も見られるのが、子供にとっては楽しかった。

　仁崎を経て野田へ抜ける長い峠道、通称「なるたねの坂」を越え、野田の街道を横切ってようやく沖田と言われた田んぼに着く。牛の歩みで1時間半くらいかかった。着いて少しの間は水を飲ませたり餌を少し与えたりして休ませるが、牛が大変なのはそれからだ。田んぼの耕起、特に代掻きなどでは、日暮れまで働かされる。帰るとなれば、すぐに牛車を引かなければならない。子供だった自分たちは牛車の荷台で揺られながら家路に着くのだが、途中で日がとっぷり暮れ、暗い中に蛍が飛び交うのを見たり虫の音を聞いたりしているうちに、いつの間にかまどろんでいるというようだった。

　牛はそれでも文句も言わず、帰りも同じように長いなるたねの坂を越えて白谷の家へ帰って来てくれた。仁崎を過ぎて白谷が近くなってくると、牛の脚が自然と早くなってくるのがわかった。人も牛も我が家が恋しいのだ。家が近くなると牛の脚はさらに早くなり、牛車を納める納屋に入れるときは、指示されなくても自分で勝手にバックして入れてくれた。

　その後は、自分の小屋に一目散だった。それを見ると、牛もやっぱり疲れているんだなということがわかったような気がした。その時には牛が我が家の本当の家族になったような愛おしさがこみ上げてきた。

伊良湖小学校

岡田　善広（日出町・昭和23年生）

昭和30年4月15日、福江町、泉村、伊良湖岬村が合併し渥美町が誕生し、学校では紅白の饅頭が配られた。

初代町長は和地の間瀬勘作先生。新生渥美町の重点施策は「町民生活に直結した公共事業の充実」であった。伊良湖小学校は渥美町最初の教育施設として、古い木造校舎を取り壊し鉄筋コンクリート造の管理棟が新築された。

その頃はまだ戦争の跡が各所に残っていた。時々遊びに行った骨山周辺には防空壕や人穴と呼ばれていた深さ4mほどの穴、発射された大砲を観察する観的、伊良湖岬防備衛所、伊良湖ベトンがあった。砲弾の筒は自宅の庭に転がっており、寺の本堂の天井には、兵隊さんがたばこの銀紙で作ったワイングラスを逆さにしたようなものが無数にくっついていた。

私が伊良湖小学校に入学したのは渥美町が誕生した前年の昭和29年であった。学校は古い木造校舎だった。

学校沿革誌には「本校は老朽校舎として改築の必要に迫られていた故に町村合併の際旧伊良湖岬村から新町建設5ケ年計画の第一事業として提出され（中略）12月末校舎取りこわしにかかり翌年1月7日新校舎の起工式を挙行す」とある。

この新築工事のため、児童の授業は校区内の6か所に分かれて行われた。

1年生26名が伊良湖神社社務所、2年生32名が教員住宅、3年生29名が日出八柱神社、4年生27名が伊良湖神社おこも

り堂、5年生25名が日出帰命寺本堂、6年生25名が伊良湖円通院本堂に分散し、全児童数は164名であった。

私は2年生。校長は河村満定先生、担任は小久保喜代先生。32名のクラス。教室となった教員住宅は元伊良湖小学校のプールがあった辺りで、校門の北側にあり、南側は校長住宅であった。給食も弁当もなく、子供たちはそれぞれの家に昼ご飯を食べに帰り、終わると教室に戻った。

3年生になり、教室は日出八柱神社の社務所に変わった。神社は木もやと畑に囲まれていた。畑はほとんどが麦畑やサトウキビ畑。その中の細い道を通り、昼ご飯を食べに帰った。そこに何本かの桑の木があり、赤黒く熟した実は美味しかったが、舌は紫っぽい色になった。教室の西側の斜面には段々畑があり、周辺にヤブランが自生していて、淡い紫色の小さな花と黒色や紫色の種をつけていた。

教頭の川口冨美夫先生は、子供のころから映画が大好きで、学生時代には映画俳優になりたくて家出をしたそうだ。親戚中で探すと京都の映画社でポスター張りをしていたという。時折小学校の校庭に大きな映写幕が張られ映画の興行があり、大勢の村の人が楽しんだ。これも川口先生の仕業であったのだろう。

平成27年4月、地域の中心であった伊良湖小学校が堀切小学校、和地小学校と統合し、新たに旧和地小学校を伊良湖岬小学校として発足した。令和3年8月、旧伊良湖岬中学校跡地に立派な新校舎が完成し、伊良湖岬小学校の新たな歴史を刻むこととなった。

子供のころの野田の郷でのくらし

加藤　正人（野田町・昭和23年生）

　私が生まれたのは、木落（きおとし）山にほど近い集落である。

1歳頃の私と母

　♪うさぎおいし　かの山♪という歌を聴くと必ず木落山を思い浮かべ、「うさぎの美味しい山なのか？蚊のたくさんいる山なのか？」などと思っていた。

　また、今はなき野田中学校の校歌で、♪東天高く拡ごれる　木落の山萌ゆるとき♪と歌うと、近くでいつも見ている山が誇りに思えた。

　木落山には何度も登り、背負子（しょいこ）に薪をくくりつけて、そろそろと山道を下った。そのころは竈（くど）で煮炊きをしたりお風呂を沸かしたりするのに薪を使っていたが、煙に眼をしょぼしょぼさせながら、懸命に火吹き竹を吹いていたのも懐かしい思い出である。

　関連して思い出すのは味噌作りである。子供のころには祖父の家に近所の人たちが集まって味噌作りをしていた。大きなはそり（釜）の上に大きな樽を置き、中に大豆を入れて、薪を燃やして煮た。豆が柔らかくなると石臼に移して杵で搗く。搗いた大豆は丸い玉（味噌玉）にし、真ん中に木の棒を通し、梁にぶら下げて乾燥させた。乾燥した味噌玉を粉々にし、塩を混ぜて漬け込んで味噌にした。その時染み出てくる水分がたまりになった。子供のころには醤油はなく、使っているのは皆たまりだった。

　石臼で思い出すのはやはり餅つきである。蒸した餅米を、杵でぺったんこ、ぺったんこと搗いていた。搗いた餅は鏡餅、のし餅、あんころ餅にした。一部の餅は色粉を加えて搗き、赤色や青色ののし餅にした。それを細かく切って天日に干して乾燥させ、いわゆるボロ（ボーロ）にした。むしろの上に新聞紙などを敷いて、その上に拡げて干すのだが、まだ柔らかいうちに失敬して食べるのがまた美味しかった。やがて乾燥した完成品は、火鉢などで煎って、丸く膨らんだのを食べた。

　天日干しと言えば、梅干しや切り干しも懐かしい。切り干しは、サツマイモをふかして薄く切り、天日で乾燥させたものである。おやつなどがない子供時代、まだ乾燥しきっていない芋を失敬して食べるのがごちそうだった。

　果物をとって食べるのも楽しみだった。ヤマモモ、アケビ、イチジク、ナツメ、グミ、ミカン、柿、…。

　蜂の子もとって食べていた。蜂の少ないときを狙って近づき、竿でたたいて蜂の巣を取るのだが、蜂に逆襲されて刺されたこともある。蜂は光る部分を狙って攻撃すると言われるが、眼を狙って飛んでくる。慌てて目を閉じてまぶたを刺され、翌日お岩さんのように腫れたまぶたをして学校に行っ

たこともある。それにしても、生の蜂の子をツルンと飲み込んだときの甘い感触は今でも忘れていない。

私の幼少のころは着物に草履姿だった。みんなわら草履を履いていた。祖父が器用な人で、わらで草履を作っていた。私も教わって作ったことがあるが、いまいち締まらない草履だった。履き物はその後下駄になりやがて靴へと変わっていった。

ところで、子供のころの遊びで記憶にあるのは、ぱんき（ぱっきん）である。野球選手や力士の絵がついた丸いカード。相手のぱんきをひっくり返せば、それがもらえる。ひっくり返す技にもいろいろあった。例えば「かぜ」は腕を振って手で風を送り、相手のぱんきをひっくり返す技。かぜへの対策として、ローソクの蝋でぱんきを厚く重くしたりした。重いぱんきへの対策には「とんかち」があった。自分のぱんきを相手のぱんきに垂直に打ち付けてはじき上がらせ、ひっくり返させるものである。残念ながら、私はあまり相手のぱんきを取ることができなかった。

他に、竹鉄砲、水鉄砲、竹とんぼ、それにたが回しやこま回しなどで遊んだ。竹鉄砲の弾は、ジャノヒゲなどの実や新聞紙を小さく丸めたものを使った。

考えてみると竹で細工した遊び道具が多かった。竹馬もそうである。器用な人は竹の鳥かごも作っていた。そのころはメジロを飼うこともできたので、モチノキの皮からとりもちを作り、それを使ってメジロを捕り、鳥かごに入れて飼った。餌にはミカンやサツマイモを使った。

小学時代の半ばまではテレビはなく、もっぱらラジオだった。夕陽が差し込む部屋でラジオにじっと聞き入っていた。ラジオ番組で最も印象に残っているのは「赤胴鈴之介」である。今でもテーマ曲が耳に残っている。♪剣を取っては日本一の母によく似たきれいな笑顔♪

10歳のころだったか、裕福な家にテレビが入り、夕方になると子供たちはその家に行って、みんなで「ハリマオ」や「月光仮面」を観た。その影響でテレビ番組の主人公になりきって遊んだ。手ぬぐいを顔に巻き、バイク代わりの竹にまたがって走り回ったものである。

子供のころは自然が豊かで、ホタルもいたし、水路にはドジョウやフナ、メダカ、ザリガニなどがいた。また、川にはウナギもいた。あるとき川で釣りをしていると、なんとウナギがかかった。あわてて釣り上げて腰を下ろしたが、運悪くそこにバケツが置いてあり、それにお尻が当たった反動で川に飛び込んでしまった。当然ウナギには逃げられてしまった。ウナギが針にかかったのは、後にも先にもその一度だけだった。

芦ヶ池にも何度か行った。夏にはハスの他にヒシもあり、その実を取って持ち帰り、湯がいて食べた。結構美味しかった。冬にはレンコン掘りもした。

夏には馬草の浜に泳ぎに行った。家からは自転車で15分ほどの所である。魚もたくさんいて、水中眼鏡で覗きながら手製のモリで突くということもやってみたが、うまくいかなかった。三河湾にはたまに赤潮が来て、夜、カンテラ代わりの懐中電灯にタモとバケツを持って出かけた。この時は足許の魚を捕らえることができた。獲物を入れたバケツ片手に意気揚々と帰宅したものである。

実家から徒歩数分の所にお寺が3軒ある。西から安楽寺、西圓寺、圓勝寺。中でも西圓寺の広い境内は子供の格好の遊び場だった。

西圓寺にはお稚児さんが出たが、私も数え7歳の時にお稚児さんになった。その時に顔に化粧された感覚がなんとなく残っている。

お稚児さん

夏休みには、西圓寺の本堂で正信偈(しょうしんげ)を習わされた。正信偈は覚えられなくて、長時間の正座による脚のしびれだけが記憶に残っている。

お盆や正月には家族でお参りに行った。お参りの後、門前の駄菓子屋さんで祖母にあめ玉を1個買ってもらった。そのあめ玉の値段で記憶にあるのは、最初が1つ50銭、次が1つ1円である。

お盆前には中学生と一緒にお寺の近くのお墓の掃除をした。その頃は中学生が大人に見えたものである。お墓は馬草に行く道の沿道にあり、夜などにはお墓の前を通るのが怖かった。

お盆には小学校の校庭で盆踊りをした。そのため何日か前から踊りの練習をした。

♪月が～出た出た～月が～ァ出た～よいよい♪という炭坑節の音頭は今でも思い出すことができる。

その校庭の向かいにお宮さんがあるが、秋の祭には幟(のぼり)が立ち、賑やかだった。幟にはさるぼぼがぶら下がっていた。そのお宮さんで、秋に映画の上映会が行われた。大川橋蔵の「新吾十番勝負」や、小林旭の「ギターを持った渡り鳥」などを観た。露天なので風が吹くと幕が揺れ、映像がゆがんで見えた。風が強いと、もう何が何だかわからない状態になった。

家は農家だったが、子供のころにはよくネズミがいて、天井裏をドタドタと走り回っていた。役場ではその対策として、ネズミを捕まえた人に報奨金を与えるということをした。猫がネズミを捕らえることもあったが、私の記憶ではネズミよりもカエルの方が猫の餌食になることが多かった。伊勢湾台風で家が揺れた時にはネズミたちもひっそりしていた。

5月下旬ごろに農繁休暇があって、家族総出で田植えをした。その時の泥のぬるっとした感触や、ヒルにかまれた軽い痛みが記憶にある。

中学生のころだったかに農薬の空中散布が行われていた。ヘリコプターで農薬を田んぼに蒔くのである。その時は家の戸や窓を閉め、ガラス越しにヘリコプターをわくわくしながら眺めていた。家畜などへの影響が懸念されてか、2、3年で空中散布は中止になった。

故郷のことを思い返すと次から次へと浮かんできて、きりがない。このような思い出の詰まったふるさとがあるというのは幸せなことだとつくづく思う。

私が育った昭和30年代のくらし

伊藤　尋思（石神町・昭和25年生）

　昭和25年（1950）に勃発した朝鮮戦争。皮肉にも経済復興の大きな景気の発端となった日本。昭和30年代初頭は、テレビがない家庭の方が多く、テレビのある家で見せてもらうなどしていた。ガスコンロや電気釜も登場する。その後、「三種の神器（白黒テレビ、洗濯機、冷蔵庫）」が普及するなど、高度経済成長時代となる。

【竈（くど）からガス炊飯器へ】
　我が家の竈（くど）は焚き口が2つだった。これでご飯を炊き、おかずの煮炊きをしていた。また、おかずの煮炊きには七輪も活躍していた。竈があるということは、お勝手（台所）が土間だったということである。昭和30年代頃は、このような家庭が一般的だった。山で枯れ木を集めたり、薪炭店で購入したりした薪を、適当な大きさに揃える作業をよくしたものだ。

　昭和30年代末になると、プロパンガスの普及が始まった。我が家での導入は、早かった方だと思われる。それでも当分の間は、竈でご飯を炊いていた。写真①は、その頃の我が家のお勝手の風景である。食事の時は、履物を脱ぎ床に座り家族全員で食べる。父母や私達子供は飯台（引き出し付の座テーブル）で、明治生まれの祖父母は箱膳を使用していた。箱膳には、1人用の箸、飯茶碗、汁椀、湯飲み茶碗や皿が入っている。食事の時には箱膳の蓋を裏返して箸や茶碗などを並べて膳として使っていた。食事後には、お茶を飯茶碗や汁椀にいれて、箸や漬け物で食器を洗う。最後にそのお茶を飲んだ後、布巾などで水分を拭き取って箱の中にしまう。箱にしまう時は、それぞれの食器をひっくり返してしまい、蓋をしてお勝手の隅に重ねて置く。その横には、料理などを一時保管する蠅帳（はいちょう）が置かれていた。

写真①　お勝手の風景

【農作業と牛】
　我が家は専業農家ではないが、昭和20年に教員を定年退職した祖父（明治25年生）は親の後を継いで農作業をしていた。私の母が慣れない農作業を祖父母に従いやっていたことを、子供ながらに記憶している。写真②は、12月に収穫した大根を手洗いし、大根櫓に干す作業の時のものである。人の手で丁寧にやぐらにかけて干していく。干し上がりまでには、約10日～14日ほど。そうして干し上がった大根はたくあん漬け

写真②　大根櫓と大根干し風景

に加工する。実に手間暇かかる作業だった。

　私が育った時代の農作業は機械化され
ておらず、すべて手作業であった。人力で
は極めて厳しい作業は牛を使っていた。我
が家でも他の農家と同じように一頭の牛を
飼っていた。牛に鋤を引かせて田圃を耕す
ためである。牛は大八車を繋いで輸送力と
しても使っていた。下肥を運んだり、米を積
んだりした牛車が我が家の前を行き来して
いたことを思い出す。

【風水害（台風13号と家の前の大川）】

　昭和28年（1953）9月25日の台風13
号では、自宅前の大川氾濫で、我が家も床
下浸水の被害に遭ったようだ。3歳だった
私には全く記憶がない。しかし、父が勤務し
ていた泉中学校の被害状況写真（写真③）
を撮っていたため、水浸しになった様子を
知ることができた。当時の台風記録を調べ
てみると、「高潮被害沿岸部に甚大、県下
において死者75名、負傷者623名、家屋
全壊6,769戸、浸水90,000戸の被害が
発生」とある。我が家だけでなく大きな被害
を被っていることが分かる。

　伊勢湾台風（1959年9月26日）の時、
私は9歳だった。それでも、当時の被害が
鮮明に記憶に残っている。隣家の物置が暴
風で飛ばされ、母屋に直撃し大きな穴が空
いた。家の中は暴風雨でぐしゃぐしゃになっ
ていたからである。しかしながら、床下浸水
などの被害はなかった。台風13号の後、自
宅前の川幅や堤防・橋梁工事が完成され
ていたためである。

　写真④と⑤は、7歳の頃と現在の自宅前
の川沿いの比較風景である。石垣の高さま
で堤防や橋が1m以上高くなっている。

写真③　浸水被害の泉中学校

令和4年現在

写真④　橋から東側風景

令和4年現在

写真⑤　橋から北側風景

※④⑤私が写っている昭和32年頃の写真

参考文献:

『田原市地域防災計画附属資料』第13過去の災害

写真①～⑤は亡父伊藤勝治撮影

海苔養殖と家族

伊藤　尋思（石神町・昭和25年生）

　海苔養殖は、すべてが手仕事だった。海苔は初冬から厳寒期にかけて採れる。寒中の海仕事は、厳しい労働である。祖父母と母を中心に、子供の私も手伝い協力して行われたものだ。

　海苔の養殖は、晩秋に所有地の竹藪から孟宗竹を切り出すことから始まる。切り出した竹は、両手用竹割器を使って縦方向の目に沿って等分に割る。さらに、鉈（なた）を右手、左手に竹を持ち、末口に刃を食い込ませて押し下げて竹を細く割る。細く割かれた竹の下を束ねて粗朶（そだ）づくりが完成する。手間暇がかかる作業であるが、この時に竹とんぼや凧の骨組みを作るのが楽しみであった。

　渥美湾の海岸線までは、我が家から直線距離で500mほどである。遠浅の海岸に粗朶の建て込みをする。ハンドルとフットバーのついた鉄の道具を使い穴あけする。全体に20度位、陸に向かって傾け、引き潮時に抜けないようにする。海苔は早ければ年の暮れから採り始め、2月末頃まで採取した。遠浅の海の中を歩いて、粗朶についている海苔を摘み採るのである。この作業のために、胸まで一体となったゴム長靴などを着用した。

　採取した海苔はゴミを取り除き水洗いをする。その後、包丁で叩いたり、または手動ミキサーにかけたりして細かくする。細かくした海苔を桶の中で水に溶かし、簀（す）に置いた枠の中へ流して、海苔を抄く。枠の大きさは即ち製品の大きさとなる。

簀＝葦の茎を細い縄で編んだもので、大きさは30cm四方位
枠＝内法21cm×19cmに統一されていた

　海苔を抄いた簀は、タコという木枠にとめて、天日で乾燥させる。香りを保つために海苔を抄いた面を裏側にして陰干しにする。写真は昭和35年の我が家の庭である。庭にタコが並べられ、冬の暖かい日差しを浴びている風景である。

天日乾燥されている海苔（昭和35年）

　昭和20年に教員退職後の祖父（魯一）は、戦後食料難という社会情勢や役職上の責務もあり農業・漁業に励む。昭和21年1月に泉村教育委員、石神総代、泉村農業会総代職に就く。昭和24年10月に泉村漁業協同組合設立委員となる。こうしたことが農・漁業に打ち込む要因となったと思われる。私の父（教員）のもとに嫁いだ母にしてみれば、農・漁業の経験がないだけに大変な誤算であったであろう。母の健康や苦労を子どもながらにも心配したことを思い出す。

　昭和27年当時の泉漁業組合は、石神村

渥美湾は、陸水の影響、波立ち、日照、潮流などの自然条件が海苔養殖漁場に適していた。特に半島部の河川は、分水界が太平洋岸に著しくかたよっているという地形の影響で渥美湾に流入する。同様に渥美湾をとりまく陸地部分の帯水層も渥美湾・三河湾の中央部に向かって緩やかに傾斜している可能性が強い。泉村の湧水等の影響も、渥美湾が適切な海苔養殖漁場を生み出す要因の一つに繋がっていたと考えるのが自然ではなかろうか。

と江比間村で構成され、407名の組合員数だった。主な漁業は、海苔簀（ひび）建養殖業（区画漁業権）、角建網、建干網、地曳網（共同漁業権）、そして打瀬網、いか船（許可漁業権）である。半農半漁の我が家は、海苔簀建養殖業に従事することによって組合設立委員としての一役を担ったと思われる。

参考文献：

愛知大学綜合郷土研究所編『渥美半島の文化史』1993

『愛知県風土記』愛知県教科書特約供給所 1981

伊藤魯一「我が一生略歴」1979

本文中の写真は、亡父伊藤勝治撮影

昭和30年代前半の伊川津海岸での養殖ノリの採収　個人蔵

恐怖の一夜、伊勢湾台風

加藤　克己（仁崎町・昭和25年生）

昭和34年9月26日夜、猛烈な勢力を保った伊勢湾台風に襲われた。私は小学3年生だった。当時の我が家にテレビはなく、情報を得るマスメディアは新聞とラジオだった。天気予報は今から見れば技術の低い時代だったし、自治体が避難場所を設定することもなく、事前に避難することなどできなかった。

台風が近づくと、猛烈な風になる前に停電になっていた。当時のラジオは電源につながないと音が出なかった。暗くて本は読めず、ラジオも聞けない状況だった。「子どもは早く寝ろ」と親に言われて、いつもより早い時刻に蒲団に入った。もしも安全な家だったなら、そのまま朝まで眠っていて、翌朝、外に出て台風の遺した爪痕にびっくりしたくらいだろう。

しかし、私の家は老朽化していた。何時ごろか覚えていないが、親に起こされた。「家が倒れそうだから、これから新家へ逃げる。早く支度しろ」と言う。

柱が揺れ、角度の記憶はないが、家が傾いている。家の裏口を開けて外へ出ようとしたが、ものすごい風が吹いている。80歳代の曽祖母が「こんな風の中へ出るのは無理だ」と言った。そこで、外へ出ることは諦めて、次の策として芋穴に入ることになった。

我が家は古い農家なので、玄関を入った所は縄をなう等の作業をする土間で、大人が数人は入れる大きな芋穴があった。竪穴なので普段はふたをしてある。蛇足だが、玄関の引き戸の隣には、玄関が締まってい

てもツバメが出入りできる窓があって、ツバメはその土間に巣を作っていた。ツバメにとって昔の農家は現代の家よりも安全だった。

芋穴のふたを取って、家族5人がその前に集まり、いつでもすぐに芋穴に入れるようにしていた。どのくらいの時間が過ぎたのか記憶がない。そのうちに台風が遠ざかり、風も次第に弱くなっていった。家は倒れず、何とか持ちこたえた。安心してもう一度寝たと思う。

その後、傾いた家を機械で引っ張って柱を垂直にし、補強して住み続けた。

世間で伊勢湾台風が語られる場合、多くは水害に関するもののようだが、私の体験はもっぱら風害であり、風で家が倒される恐怖、その場合にどうやって生き延びるかであった。水害のことまで考える余裕のない体験だった。

翌朝、目にした光景は、田んぼが雨水につかっていたこと、山の木がたくさん倒れていたことなどだが、あまり覚えていない。どこかの家の観賞魚が逃げ出して（流されて？）田んぼで泳いでいたと聞いた。

伊勢湾台風で倒れた家屋　田原市博物館蔵

ホタルとムベと辻井戸

八木　学（田原町・昭和25年生）

　私は昭和30年代、蔵王山の麓の東山口、現在では椿公園になっているところの一角に住んでいた。

　その頃の家の周りは、木々や竹やぶに覆われ鬱蒼としていた。当時の道路には街灯も少なく、夕方、家に帰るのに遅くなった時など、上を向いて木々の間から見える星を頼りに帰ったこともあった。

　家の周りの道も複雑で、夕方、家を訪ねて来た人が、帰りに道に迷って大いに苦労したという話もあったほどだ。道が複雑なのは、この地区が旧田原藩の士族が多く住むところであったことと関係しているのかもしれない。

　初夏（？）にはホタルが、夏にはカブトムシが家によく飛び込んできた。秋にはアケビやムベを取りに回った。そんな自然が豊かなところでもあった。

　私の記憶では、ホタルは7月上旬に飛んでいたような気がする。そうなると、5月下旬から6月初旬に飛ぶ源氏ボタルではなく、平家ボタルだったのか。それとも私の記憶違いなのかも知れない。かれこれ60年以上も前のことである。

　私はアケビよりムベの方が好きで、赤く熟れたムベを割って白く透きとおった部分をすすると、なんとも甘いさわやかな味がしてうまかった。今でもその味が忘れられず、

昭和33年の東山口周辺　国土地理院発行

蔵王山の道路沿いで見つけると思わず手を出してしまう。

　そんな私にとって思い出多い地域の一部が、令和に入る頃から木々や竹やぶが切られ造成されて、30戸近い住宅地に変わってしまった。

　その近くの五差路の一角にあった通称「辻井戸」と呼ばれていた井戸も、いつの間にか埋められてなくなっていた。この井戸は渇水で各家庭の井戸が枯れても枯れることはなく、地域のシンボル的な井戸であった。

　昭和30年代には冬場になると、この井戸の近くに信州から（本当に信州から来ていたかどうかは定かでない。ひょっとしたら豊橋辺りの業者だったのかもしれないが）トラックでよくリンゴを売りに来ていた。リンゴを売りに来たというよりも、この辺りで作られていた夏ミカンとの交換が多かったような記憶がある。

　いずれにしても、自分の育った地域が時代の流れとともに大きく変わっていくことはやむを得ないこととしても、思い出もなくなっていくようで何となく寂しさを感じる今日この頃である。

57

海辺でのこと

鈴木　寛美（堀切町・昭和26年生）

地球温暖化とか気候変動と呼ばれる昨今、確かに夏が長く秋が短くなったような気がする。昭和30年代は四季がはっきりしていた。自然に抗うことなく、それに寄り添った生活や遊びをしていた気がする。とりわけ海での思い出が深い。

小学校に入る前は、祖父母に連れられてよく浜に行った。ハマヒルガオやコウボウムギが群生している中で、地引網の網を積んだ船の上に乗ったり、いじこ（藁で編んだ丸い農具）の中で遊んだりしていた。海上では煙をはいたポンポン船が行き来していて、「オーイ、オーイ」と声をかけるとサバ等を投げてくれた。

フラワーセンターができる前の6月頃だったと思うが、母親たちが松葉（ご）を採りに行くというので追いかけていった。松林の根元の近くに、今では貴重品となったショウロがごろごろしていた。それを拾って家に持ち帰ったが食べた記憶はない。伊勢湾台風後は、松がほとんど枯れてしまってショウロは全く姿を見せなくなった。

小学校高学年になる頃には釣りによく行った。腰まで水に入り、3間（5.5m）ほどの竿に餌のミミズをつけて、キスやゼンメをたくさん釣った。やがてリールを買ってもらい夜釣りにも出かけた。待望のイシモチがかかった時は飛び上がって喜んだ。イシモチはグーグーと音を出すので、別名グチとも呼ばれていた。

当時は浜が今より広大であったので、ソフトボールもよくやった。砂を盛ってベース

網を持っているのが、小学校4年生頃の私

代わりにしバットは棒杭であった。浜藪で先輩たちの指示で基地を作り、基地に集まっては持ち寄った菓子を食べた。

土用波が出る頃には、波の下に潜ったり板の上に乗ったりして、サーフィンまがいのこともした。何度も岸に打ち上げられても繰り返しやった。ある時、青色の物体を見つけた。風船のように膨らんでいたので、足でつぶしたり手で持ち上げたりした。夜になると腕がミミズ腫れのようになって一晩中眠れなかった。図鑑で調べたら、有毒のクラゲであるカツオノエボシであった。痛かったはずである。カツオノエボシは現在ではあまり姿を見かけない。

アカウミガメも産卵のために浜に上がってきた。キャタピラのような足跡が多く見られた。一度、卵を食べたが、あまりおいしくなかった。

中学校1年生の時に小塩津海岸で3人で泳いでいた時のこと、1人が沖へ沖へと流されて岸に戻れない様子だった。急いで近くの人に船を出してもらい、九死に一生を得ることがあった。まだ離岸流という言葉さえない時代であった。

田んぼ・小川・山で

鈴木 寛美（堀切町・昭和26年生）

　水温む春、友だちを誘い五升籠を腰にぶら下げて連日のようにタニシ捕りに行った。村の中にタニシを買い取ってくれるブローカーがいて、いい小遣い稼ぎになった。少し家に持って帰ると、母が灰であく取りをして味噌和えにしてくれた。

　田植えの時期になると、家族や親類の人たちで苗を植えた。大人たちが苗束を思いっきり投げるので、その跳ね返りで服や顔が泥んこになり、皆で笑いあった。畔に上がると、ヒルが足にべったりと付いていた。ヒルを取ると血が吹き出し、祖父が血止めにと刻み煙草を擦り込んでくれた。昼食は塩サバ、落花生の煮物等。自然の中で食べる味は格別であった。

　田んぼの稲が穂をつける少し前にはホタル狩りに行った。うちわと虫籠を持って出かけた。当時は、乱舞とは言えないものの結構飛び交っていた。ヘイケボタルだったと思うが、うちわでたたき落として捕った。虫籠に入れて家に持ち帰り、蚊帳の中で飛ばして楽しんだ。

　夏休みに入ると、我が家の裏にある幅2m程の小川で竹箕や手網を使いフナやメダカ等を捕った。他にもミズスマシ・ゲンゴロウ・タイコウチ・アカハライモリ等の多くの水中動物がいたが、その姿も全く見かけなくなった。釣りもよくやり、フナやモロコが面白いほど釣れた。小川には常にいがぐり坊主が5～6人程いた。モロコはすぐに死んでしまうが、フナは強いので家にある池で飼った。たくさん集めて眺めるのが好きだった。

　お盆になると、帰省客が増え村中が賑やかくなった。小さなふんどし村である堀切だったが、東西2kmの往還（街道）の両側に10数軒の店舗、料理屋4軒、食堂等があった。生活必需品は村の中で殆ど賄うことができたが、今は料理屋が残っているだけである。

　夏休みが終わり秋風の吹く頃、常光寺山へ栗を拾いによく出かけた。山といっても標高100m程である。当時は焚き木を採るための小道が結構あり、難なく頂上まで登ることができた。途中で大きな池が2つあった。聞いた話では、戦争末期にアメリカ軍が名古屋空襲の帰途、余った爆弾を落としていったらしい。沢の出水でのどを潤し、やっとのことで頂上に着くやいなや、友だちと栗の大きさや量を比べたりした。帰り道の途中に防空壕があり、中をのぞくとコウモリが群れていた。肝試しとして中へと歩を進めたが、恐ろしさですぐに出てきた。持ち帰った栗は茹でて食べた。ウルシで腕などがかぶれていた。

　現在よりも冬の寒さは厳しかったと思う。雪もよく降り、流しには長いつららが下がっていた。田んぼもよく氷が張り、スケートの真似事もした。

　冬休みには正月もあり待ち望んだものである。遊びも凧作り・パンキ・ビー玉・メジロ捕り等多種に及んだ。凧作りは肥後守で竹を切り、膝の上でこそげて竹ひごにした。紙は障子紙、足は新聞紙、糊の代わりにご飯粒を使った。飛ばした時にはわくわく感があり面白かった。

昔の小中山のくらし

川口　正康（小中山町・昭和27年生）

【山の口】

　昭和20年代〜30年代頃まで、通称「山の口」と言って、秋になると砂防林（西山）の年一度解禁日があり、松林に入ってごかきを行う小中山村や中山村の一大行事があった。

　「ご」とは松葉の枯れた落ち葉のことである。昔はかまどや風呂の焚き付け用として貴重な燃料だった。

　山の口が開催される日には、村中総出で各組に分かれてリヤカーを引き、一日中ごかきを行った。集めたごを長老たちや班長が分配した。各家庭に運ぶと、ご部屋という保管場所に入れて大切に保管していた。

　このごかきの時に同時にきのこ（ハッタケ・シメジ・ショウロ）などを採って食べたものである。この頃は半農半漁が多く、自給自足でのどかな時代だったような記憶がある。

　ごについては、今ではお盆の迎え火のじんの焚き付けぐらいで、必要性もなくなってきた。これもまた時の流れで、時代の移り変わりを早く感じる。

【昔の小中山】

　昔の小中山の一般家庭は、開拓組合や漁業組合に加入し、多くが半農半漁の生活をしていた。

　昭和20年前後の西ノ浜では、地引網漁をしていたと聞いている。40軒近くが地引網で魚をとっていたそうである。氷のない時代だったので、イワシ・コウナゴ・ボラなどのとった魚をむしろの上に広げ、天日で乾

昭和30年代の立馬崎　田原市博物館蔵

燥させていた。

　戦後になると、西ノ浜には納屋と呼ばれた加工場ができ、夏季には大勢の人たちが雇われて働いていた。納屋を持つ家が15軒くらいあったそうだ。納屋とは浜小屋のことで、浜には井戸を掘り大きなはそり（釜）でイワシやコウナゴなどを煮て、天日干しにする煮干しづくりが盛んだった。浜一面に煮干しが干してあった。今でいえばソーラーパネルが一面に並べてあるような感じである。この煮干しの中にイカやタコの子が混じっていて、それを探して食べた記憶がある。当時は食べるものが少なかったから、おいしかった。

昭和20年代後半の小中山漁港　小中山漁協提供

子供の頃の小中山での遊び

川口　正康（小中山町・昭和27年生）

時の流れといえば、子供の頃の遊びもすっかり変わった。今は電気が必要だが、昔はある物を使って遊んだものだ。

自分たちがみんなで遊んだ遊びを小中山の言葉で紹介してみたい。

【道具が必要な遊び】

取ったもん（野球）、上中下付き田ドッチボール、チョンチョン（木・枝）、カッチン（ビー玉）、パンキ（メンコ）、縄跳び、缶蹴り、竹馬、エノミ鉄砲

ネッキリ（釘）…2人で順番を決め、交代で釘を片手で投げて地面に突き刺す。刺さらないと1回待ち。1回目と2回目に突き刺したところに釘で直線を引く。交互に3回目、4回目と相手の突き刺すところを考えながら広がりを阻止する。自分の線は交差できない。相手の出口をふさぎ、相手に線を交差させたら勝ち。

【道具がいらない遊び】

馬のっすーる（馬乗り）…2組に分かれて1組は1人が壁に立ち、その股の間に別の子が頭を入れて馬となり、他の子もその後ろに同じ姿勢でつながっていく。

馬が完成したら、もう1組が跳び箱の要領で一人ずつ馬に飛び乗っていく。

途中で馬が崩れたら馬チームの負け。乗る時に落ちたら、乗るチームの負け。

全員が馬に乗った場合は、壁に立つ人とじゃんけんで勝負を決める。負けた方が次の馬チームになる。

どろぼうじゅんさ（ケイドロ）…泥棒と巡査の2組に分かれ、巡査が泥棒を捕まえて牢屋に入れる。牢屋に入った泥棒も仲間に助けられて再び逃げることができる。

三本線…地面に線を3本引く。3本のうち両端の2本は自分の陣地。一度陣地を出たら、絶対に中央の線を超えなければいけない。後から陣地を出たほうが強く、強い人にタッチされると捕虜になる。

捕虜は相手の陣地に確保され、捕虜の1人目は相手陣地内から出られない。2人目からは1人目と手とか足をつないで伸びていく。捕虜にタッチすると全員開放できるが、全員捕虜になったら負け。

じらいこうへい（地雷・工兵・大将）…帽子を前、横、後ろ向きに被り、前は横に、横は後ろに、そして後ろは前に勝ち、敵の陣地を取るために戦った。

Sの字合戦（エスケン）…2組に別れ、地面に大きく描かれたS字の陣地の円内に入る。陣地外に両足を着いてよい島（安全地帯）を設けた。各陣地のS字型の切れ目から攻撃隊が出撃し相手陣地に攻め込む。双方の陣地と安全地帯外ではケンケンで移動する。両足を地面に着いたり、転倒したりした子は死亡とみなされ脱落する。陣地ラインを超えて押し出され、また引きずり込まれた者も死亡となる。全員が敗北した時点で勝敗が決まる。

かくれんぼ、だるまさんがころんだなどの遊びを先輩や後輩たちと大勢で遊びながら学んだものである。自分の70年間を振り返ってみると、子供の頃はいろいろな経験をし、楽しく遊んでいたと思う。

いつのころか（昭和の追憶）

鈴木　誠（高木町・昭和27年生）

【黒砂糖づくり】

　渥美半島では一時期、アマジ（サトウキビ）の栽培が盛んにおこなわれ、砂糖が作られていた。高木では「共同経営」という場所に、収穫したアマジを牛車などで持ち込んだ。圧縮機でアマジの汁液を搾り、かまや（釜屋）と呼ばれた建物内に2～3基据えられていた大きな窯で昼夜をかけて煮込んだ。煮詰まって固まる寸前の液は一斗樽に取り分け、黒砂糖として重宝された。

【味噌玉づくり】

　味噌玉作りは楽しみの一つだった。いい匂いが立ちこめ、熱々の湯気もうもうの大豆がはそりから出されると、握り拳大に丸めていく。なぜかこの時は祖母が采配を振るっていた。冷えてやや硬くなった大豆玉を串で穴をあけ、藁縄を通す。微妙な間隔を保ち（これが難しい）7～8個ずつ通して、玄関の土間側に吊るしてゆく。しばらくした後、縄から外しながら玉をほぐし樽に収める。数か月後、樽から「たまり」が取れだす。これがとても辛いが香りがよくて旨い。

　これくらいになると味噌として使える。完成間近の赤味噌は、独特の食味と大豆の粒々食感が何とも言えない。まだ半製品なので余りほじくり出すと叱られた。

【アオサ海苔の栽培】

　海苔は、半農半漁のくらしには大事な収入源で、渥美湾は遠浅でアオサが採れる一大産地だった。浜に挿したノリソダにアオサが付き伸び始めると、集落放送で「今日の海水温〇〇度、比重〇〇でした。」と流される。ヒジュウってなんだ？と何となく聞き流していたが、結構重要な情報だったようだ。成長したアオサを「しにぐつ」と呼んでいた胸まであるゴム製の胴長に、たかあし？（台形に組まれた30cm程の高さの足枷）を履き、寒中の海に胸まで浸かり、一歩一歩いざりながら粗朶（そだ）から手捥ぐ。

　採ってきたアオサは南京袋に入れ、口をしっかり締めたうえで、鉄枠に入れて手回しの圧縮機で搾ってから裁断機にかけた。グルグルグル、グニグニと圧縮機から湧き出てくる様子が何ともかわいらしかった。小石やフジツボ、ヤドカリ等が混ざることがあり、ガリッ！と噛むと、吐出器、穿孔板、切刃の順に外して洗わなければならなくなる。

　海苔の量が調合された四斗樽から簀子（すのこ）に置いた木製の四角い型枠の内にバシャ！むらのないように両手で軽く揺らして水を切りサッと外す。受け手（手伝いはここから！）が簀子を素早く取り上げ別の木枠に移していく。満杯になると「タコ」に一枚一枚掛けるが、時折めくり取った簀子に下の海苔が引っ付き、落としてダメにしたこともあった。

【真冬の漬物大根作り】

昭和20年代後半の海苔乾燥　田原市博物館蔵

年末から年明けの漬物大根の管理。晩秋から抜き上げと軍手に藁で大根を洗い上げる。冷たくてすぐに手の感覚がなくなり、どうにも大根が掴めない有様になった。洗いが終わればはざ掛け。寒く強い伊吹下ろしが良質の干し大根をつくった。大根がしなしなになったところで取り込み、仲間で大樽に漬け込む。米糠にサッカリンの白とウコンの黄、スコップ2丁で調合していく。粉末が鼻につくも嫌いではなかったし、一丁前に樽に入り込み、大人に混ざって並べたり足で踏みこんだりした。

昭和30年代後半の大根のはざ掛け　田原市博物館蔵

【おかいこさん(養蚕)】

　家の長屋(明治38年建立の離れ)は大正時代に盛んに行われていたおかいこさんの飼育棟、蚕室であった。床下には暖を取るための壁土で囲われた炉や、天井には煙突を通す丸穴があり、天井裏には丁寧に積まれた大量のまぶしや糸車などがあり、片付けが大変だった。小学生の頃まではまだ桑畑が近くにあり、桑の実は飢えたぼくたちの格好の獲物だった。口の周りを紫色に染め、両方のポケットもぐちゃぐちゃ。

【青年団の入団式】

まぶしから繭をとる
昭和20〜30年代の養蚕　田原市博物館蔵

　14歳の年(中学2年)に青年団の入団式があった。団長さんの家に集まり、幹部と思われる皆々の前に新入団員は正座しあいさつをする。幹部の一人が団則なるものを朗々と読み聞かせ始める。新入団員は平身低頭の姿勢をとったまま読み上げが終わるまで動けない。読み違いがあると、「新入団員に解らん！もとい！」この「もとい！」が出ると最初から読み直しになる。暫くすると足はしびれ頭もぼんやりしてくる。足をずらしたり頭が上がったりすると、すかさず「団則もとい！」これが何度も繰り返され、泣き出す子もいた(後から聞くと、わざとだったという)。

　いつのころからか　部活にのめり込み、それなりの受験勉強と友を得た学生時代。世間知らずのまま親の策どおりに就職した。バブル期真最中やオイルショックで車に自由に乗れず等、なんやかんや大混乱の世相の中、仕事での人の繋がりや支援に支えられ今がある。気が付けば6巡目の干支を迎える。ありがとう！昭和があって今がある。

私の家族

林　雅子（赤羽根町・昭和27年生）

「まあ！生きたおかめ初めて見たやあ」と
お産婆さんに言われた私は、1貫目（3750
g）もある当時としては大きな赤ん坊だった。

その日は近所
でもう一軒お
産があり、両
方掛け持ちの
お産婆さんは
自転車で両方
の家を行った
り来たりの大
騒動だったら
しい。

2年後に次女が生まれた。小さく色白の
静かな子でいつも眠っていたが、肺炎を起
こして、たった2か月で亡くなった。

幼かった私は、白い寝間着で横たわる小
さな妹を見て、ずっと静かに眠っているも
のとばかり思っていた。わずか3歳足らず
の私だったが、この時の情景は不思議と鮮
明に記憶に残っている。国道を北に渡って
すぐの共同墓地にあるお墓には、今も小さ
な墓石がそっと並んでいる。

それからおよそ3年後に三女が産まれた。
小さくてひ弱な三女は、風邪を引くとすぐに
肺炎をおこし、救急車が来て白衣の大きな
医者と看護婦さんが泣きわめく三女を押さ
えつけ、ど太い注射を小さなお尻に打つの
をふすまの隙間から見た私は、しばらく眠
れなくなったものだ。元気になって帰って来
た時は本当に嬉しかった。

さらに3年後に長男である弟が生まれる

わけだが、母が今度こそはとても思ったの
か、あるいは時代が変わってお産婆さんに
よる出産が一般的でなくなったのか、在所
の豊橋市老津町の産院で出産した。待望
の男の子だった。皆で会いに行くと、母は
誇らしげに可愛い弟を抱かせてくれた。父
はただただ嬉しそうだった。私は安心した
のと久しぶりに母に会えた嬉しさで少し泣
いてしまった。

しばらくして母方の親戚のご夫妻から、
三女を養女に欲しいという話が持ち込まれ
た。お子さんに恵まれなかったとても良いご
夫妻で、父も母もその方がこの子にとって
幸せなのではと思い始めていた。しかし私
はもう妹を失うのは絶対にいやだと懸命に
反対し、結局この話はなかったことになった。

大人になって妹に話すと、「え～っ、私お
嬢様になれたかもしれなかったじゃん！！」
と笑っていた。もちろん本心ではないものと
信じたい。田原市内の農家に嫁いだ妹は
今や健康そのもの、沢山の家族に囲まれて
幸せに暮らしている。

ふるさとになった田原

平松　厚子（田原町・昭和28年生）

　眼科医の父の仕事で舞鶴、富山、金沢と日本海側で幼少期を過ごした。そんな雪国の北陸から昭和34年10月（小学校1年生の秋）に太平洋側の常春の渥美半島、田原町に引っ越してきた。父は萱町の商店街にあった成春館（洋館の国見医院）でしばらく勤務し、その後近くの旧東海銀行の社屋を改装して眼科医院を開業した。右隣は文房具屋の綿重（わたじゅう）、左隣はお菓子屋の中川、正面が本屋の田原書房という小学生の私にとっては夢のような環境だった。

　お祭りの日は山車が家の前を通り、夜店の日にはいくつもの屋台が並び、ワクワクした気分になった。イカ焼きの美味しそうな匂いが家の中まで漂ってきた。食べたかったが、親から大人の食べ物だと言われ、買ってもらえなかったことは残念な想い出である。屋台といえば今では信じられないが、地区の運動会でも並んでいた。私は競技よりも屋台が楽しみだった。お風呂は近くの銭湯に通い、トイレは裏庭の土蔵の横にあった。日が暮れるとトイレに行くのがとても恐かった。

　萱町の商店街から数分歩くと田んぼが広がっていた。梅雨時に暗闇の中で鳴り響く蛙の大合唱も、夏にシャーシャーとうるさく鳴くクマゼミの声も田原に来て初めて聞いた。北陸では見かけない大きなクモやヘビの出没には、いつも大騒ぎしていた。自然は豊かで子どもの遊びには事欠かなかった。妹とオタマジャクシを捕ったり、田原駅の向こう側まで行ってザリガニを釣ったり、校庭でゴム段や石蹴りをして遊んでいた。

　転校して新しい生活に馴染むまでには時間がかかる。小学校でみんなの会話で一番驚いたのは「だら」と言う語尾。石川県の方言では、「だら」は「馬鹿」という意味だったので、毎回バカと言われているようで馴染めなかった。遠足で驚いたのは、みんなのおにぎりが丸くて大きかったこと。私のおにぎりは俵型で小さく、大きいおにぎりが羨ましかった。

　小学校4年生の頃に萱町から殿町に移り住んだ。隣は大きなソテツがある法務局、その先が中部小学校だった。巴江神社の境内を掃除したり、毎週日曜日には地区の道路掃除をしたりと、地区の大人達と接する機会も増えていった。境内などを掃除した後にはお菓子をたくさん貰い、お菓子をよくくれる町だなぁと思っていた。少しずつ地元に馴染み田原っ子になっていった気がする。現在は東京で暮らす私にとって、60年以上前の転校時には不安ばかりだった田原の町は、今では私の故郷であるとはっきり言える場所になった。

昭和33年頃の田原祭り　田原博物館蔵

戦前の名残の実家

伊藤　寿康（田原町・昭和29年生）

　私が生まれ育った実家は、三河田原駅近くの東大浜地区で、戦前は萱町と共に花街として栄えていた場所にあった。私が生まれた時にもまだ少しだが、その面影があった。私の実家は「丸一うなぎ屋」という料亭をやっていた。昭和10年に発刊された当時の渥美郡のことをまとめた『渥美郡勢総覧』(産業経済社1935)中に「丸一うなぎ屋」が次のように紹介されていた。

丸一うなぎ屋
『渥美郡勢総覧』より

　「田原町、有数ノ料亭ニシテ、同家ノウナギハ既ニ定評アリ、今ヤ田原名物ノーツトシテ知ラレル、堅実無比ナ営業方針ニヨリ、着々ト発展途上ニアリ、各町村ヨリ宴会ノ申込ニ忙殺セラル、」

　残念ながらお店は戦争中に廃業してしまったが、建物はそのままだったので、間取りは正に料亭の作りだった。門をくぐると玄関までは短いが門道があり、玄関脇に小さなお社や大きな石が祭られていて短いながらも風情があった。玄関の大きな引き戸扉を開けるとそこは広い土間になっていて、ここで靴を脱いで家に上がる。玄関の正面には幅が2mもある広い階段があり、2階の客間に続く。2階には広い客間が数部屋あっ

た。1階の客間は、その階段の横から続く廊下でつながっていてやはり数部屋あった。1階の客間の奥に台所等があり、賄い口もそちらにあった。この台所から2階の客間に食事やお酒を運ぶ家人用の階段があったが、この階段は正面の階段とは違い、幅が狭くてとても急で上がり下りが怖かったのを覚えている。

　1階には大きな鯉のいる池があり、手をたたくと鯉が寄ってくるので餌をあげたり、プラモデルで船を作って浮かべて遊んでいた。池をぐるっと回ると突き当りにはトイレがあった。中学・高校時代は、2階の1部屋を自室としていたが、三河大地震で家が傾いていて、隙間風が入ってきたり近所の煙突のすすが入り込んできたりするような部屋だった。

　「丸一うなぎ屋」は廃業していたが、私が小さい頃は電話をかける時にも「伊藤です」とは言わずに「丸一です」で相手に通じていたし、近所の人には、私は「伊藤の息子」ではなく「丸一の息子」と呼ばれていた。

　近所には実家以外にも料亭、置屋（芸者衆が所属して生活する場所）、見番（芸者衆の手配などを行う花街の中心施設。広い舞台もあり普段は芸者衆が踊りの稽古などもする場所）などもあった。私の父や叔父等は、小さい頃は芸者さんに遊んでもらったり、豊橋の動物園に連れて行ってもらったりしていたそうだ。

　そんな懐かしい実家も、私が高校生の時に八軒家に引っ越すことになり、今は跡形もないが、昭和20年代から40年代を過ごした昭和のよき思い出として心に焼き付いている。

加治保育園に通っていた頃の思い出

近藤　博子（加治町・昭和29年生）

> 一　法の深山の　さくら花
> 　　むかしのままに　においなり
> 　　道の枝折の　跡とめて
> 　　さとりの高嶺の　春をみよ
> 二　法の深山の　ほととぎす
> 　　むかしのままに　名のるなり
> 　　浮世は夢ぞ　短か夜と
> 　　おどろきさます　声をきけ
> 　　　　　　　（三、四番は省略）

　この歌は、加治保育園に通っていた頃に毎日口ずさんで覚えたメロディと歌詞だ。当時、全く意味もわからず、ただただ繰り返して歌っているうちに覚えたものだ。今でもこの歌のメロディが鮮明に思い出されるほどインパクトがあったことは間違いない。

　調べてみると、仏教讃歌『法の深山』という浄土真宗本願寺派仏教讃歌だと分かった。当時の加治保育園の園長先生は近くの浄光寺住職の黒田廣教さんだった。今の住職は息子さんである黒田廣顕さん（82歳）だ。当時のことを正確に書くためにお話を伺い確証を得たので、自信をもって書くことにした。

　毎日通った加治保育園（現在は使われておらず、廃園に）。その登園コースはとても怖い思いをしながらのスリル満載の道だった。それは通称「電車道（渥美線の軌道跡）」と言っていた。こんもり森の入口には秋になると、ドングリやシイの実がたくさん落ちていた。拾っておもちゃにして遊んだ記憶がある。電車道を先に進むと、木々の間からほんの少しだけ太陽光が差し込むだけでいつもじめじめしていた。その上、水路もないので、水がちょろちょろと流れている曲がりくねった川沿いの道を歩くコースだった。その水の流れは沼に流れていたように思う。特に雨が降るとよけいに恐ろしい道となり、つるつるすべって何度転んだことか。本当に怖い思いで歩いたが、一緒に通った妹や近所の友だちのお陰で登園できたと思う。現在は、土地改良事業により車道として整備され、昔の面影が一切ないのが不思議である。

　二つ目は、4月8日の「花まつり」の思い出だ。浄光寺の山門をくぐった所で、仏教の開祖であるお釈迦様の誕生をお祝いする行事で「灌仏会」（かんぶつえ）と言われ、花御堂に置かれたお釈迦様の仏像に、ひしゃくですくった甘茶を注ぎかける作法をして参拝するものだ。訳も分からず、小さなお釈迦様の仏像に甘茶をかけていたが、今は「無病息災を祈る」という意味があることが分かった。甘茶がヤマアジサイの一種「小甘茶」の葉を煎じて作ったお茶だと知った。神様の飲み物なので、飲むと不老不死になるとか…。私の昭和の原点の思い出が今、蘇ってとても嬉しい。

「海上の道」はあった

小川 悟（小中山町・昭和29年生）

　古地図を見ると、小中山と中山を隔てる天白川は今よりも広く、小中山は島として描かれている。当然のことながら米は生産できないので、小中山に住む人の多くは漁業で生計を立てていた。

　私の父は漁師で、戦後シベリアから復員後、近隣の海で様々な仕事をしてきた。私が生まれる前後は、小さな船に乗ってミルクイを採っていたようである。何とか生活ができるようになると、もう少し大きな船に乗って、キス網漁をするようになった。朝の3時頃から出かけ、真っ暗な海の中に網を入れる。私もついていったことがあるが、なぜここに網を入れたのかさっぱり分からなかった。風の強い日は命がけである。舳先が波の頂上まで行ったと思ったら、急降下。見上げると波は家の2階くらいのところにある。木の葉が波に漂っている姿を思い浮かべた。命がけで私と妹を育ててくれていることを感じたものだ。その後は、海苔の養殖をしたり、沖に出てアサリ採りをしたりしていた。

　海の仕事は自然との闘いである。冬の海で海苔を採る手伝いをした時、指先に感覚がないというのはこういうことだと知った。潮干狩りでは採れ高によって生活に困ることはないが、仕事でアサリを採る時とは違う。潮が引いた合間にどれだけ採れるかが勝負になる。必死であった。そんな体験があるからか、未だに潮干狩りを楽しむ境地にはなれないでいる。

　そんな漁師の人たちにも、楽しみはあった。一年に一度、隣近所の人たちと伊勢参りをする。今のようにフェリーなどないので、少し大きめの船に何家族も乗り合わせて行った。私たち子どもは、「カンコウ」と言う船倉に入れられる。度合（伊良湖水道）を渡るときは大変である。揺れに揺れる。船酔いは当たり前である。「板子一枚下は地獄」を、身をもって知る。その苦しみがどのくらい続いたろうか。急に静かになるときが来る。鳥羽湾に入った証拠だ。カンコウから出てみると、右にも左にも島が見える。楽しみにしていたお伊勢さんがすぐ近くにあった。

　ある年は、こんなこともあった。港に到着した後、私より3つ下の子が何かのはずみで船の後ろからドボンと海に落ちてしまった。まだ保育園に行くかどうかの子である。どのようにして助け出されたのかは覚えていないが、大人たちは「人は落ちても一度は浮き上がってくる」ことを知っていて、みんなで助けたようである。年によっていろいろなエピソードはあったが、「今年もお伊勢参りができたこと」が楽しかった。

　その昔は伊勢と渥美半島には、文化が流入するルートがあり、「海上の道」と呼ばれていた。庶民もこのルートを利用してつながっていた。今は車社会になり、伊勢湾岸経由でお伊勢参りをする人も増えてきたが、この時代には、庶民の中に確かに「海上の道」はあった。

西山の思い出

三竹 清一（中山町・昭和29年生）

　小学校低学年の頃、遠足で西ノ浜の立馬崎灯台に出かけた。三河湾に立つ灯台で、とても大きく、高くそびえ立っていたことを思い出す。灯台に着くとおにぎりを食べ、みんなと砂浜で遊んだ。遊び疲れると、砂浜一帯に自生していたハマボウフウを採ってリュックに詰めた。梅酢につけて食べると美味しいと聞いていたからだ。家に帰って祖母に見せると「ようとった、ようとった」と褒められたことを思い出す。梅酢で赤く染まったハマボウフウは、ポリポリとした食感で美味しかった。今では、砂浜の環境が変わり、ハマボウフウは希少植物となってしまった。簡単には見つけられない。

　高学年になると、シメジやハッタケを採りに、自転車でよく西山へ出かけた。西ノ浜の松林を西山と呼んでいた。特に雨上がりには、大きなシメジやハッタケが採れたので、早朝、友達を誘っては出かけた。よく採れる秘密の場所は、みんなには内緒であったが、いつも出くわすおばあさんに、先を越されるのではないかと気をもんでいたことを思い出す。

　シメジ採りに夢中になって松林の中を歩き回っていると、いつしか方角がわからなくなり、迷ってしまうこともあった。そんな時には、先輩から教えられていたことを思い出し、波の音を静かに聴いた。立ち止まって耳を凝らすと、遠くから波の音が聞こえくる。音のする方に歩いて行くと、必ず海岸に出る。海岸に出れば方角がわかり、自転車を置いた場所まで戻ることができた。シメジ採りをした広い松林は、開拓が進み、何時しか畑に変わった。松林の一部は、筋状に防風林として今でも残されている。

　開拓で立派に区画整理された畑には、所々に砂山が残っていた。もっこや一輪車で畑に運んでは、平らにならす作業の手伝いをしたことを思い出す。

　清水の畑を手伝っていた時には、貝殻や土器の欠片がたくさん出てきたこともあった。ひょっとしたら、昔、ここに貝塚があったのかもしれない。

　西山の畑は砂地で、水かけが大変であった。豊川用水はまだなく、畑の隅に井戸を掘っていた。発動機でポンプを回し、地下水を汲み上げていた。重い発動機のはずみ車を力強く回し、回転が速くなったところでレバーを離すと、唸りをあげてエンジンがかかる。うまくかからない時には、はずみ車を回す手にズキンと強い反動がきて危険であった。

　父に代わって時々やらせてもらった。思いっきり力を入れてはずみ車を回し、勢いよく発動機がかかった時の清々しい気持ちは今でも忘れられない思い出である。

　今では、豊川用水のおかげで、蛇口をひねるだけで、スプリンクラーが回る便利な時代になった。

藁とくらし

三竹　清一（中山町・昭和29年生）

　天高く晴れ上がった空から、「ピーチク、パーチク」雲雀の声が聞こえてくる。雲雀はまるで麦畑の守り神のようであった。子供の頃、畑に入り黒い穂を見つけては、煤を顔に付け合って遊んだことを思い出す。

　我が家では、収穫した麦を近くの製粉所に預けていたようだ。うどんやうどん粉が必要になると、製粉所にお使いに行った。「帳面につけといて」とおじさんに言うだけでよかった。盆暮れの収支がどうなっていたのか知らないが、実に便利だったように思う。

　家の納屋には、麦藁が高く積み上がっていた。麦藁は、ストローのように中空で堅くて軽い。利用価値が高く、麦藁帽子の材料でもあったが、一番の思い出は、お盆になると父がいつも作っていたおしょろさん（精霊舟）のことである。麦藁を腕の太さくらいに束ねて縛り、重ね合わせて船を作った。手際よく作業する様子をいつも傍で興味津々で見ていたことを思い出す。

　お盆は、亡くなった故人を偲び、慈しみ、先祖に感謝し供養する大切な行事である。毎年8月13日に、お墓とお寺にお参りし、先祖の霊を迎える。風呂に入って体を清め、暑い炎天下を避けて少し涼しくなった頃、家族みんなで出かけた。御仏壇には、お盆の供物を飾っていた。14日に御施餓鬼、15日におしょろさんを流す。河原では、供物の団子やブドウ等をもらおうと、子供たちは競って川に入り、船を流す手伝いをした。食べ物が貴重な時代であった。

　おしょろさんを流し終えると、お寺にお参

りした。境内では子供から青年団、婦人会、お年寄りまで、揃いの浴衣で踊っていた。最後の夜は、いつも夜通しであった。

　今は、朝まで踊ることもなく、会場もお寺の境内から市民館に変わり、昔のような風情は感じられなくなった。また、環境問題からおしょろさんを川へ流すことができず、河原で火を焚き、炎の中へ流している。

　お盆が終わると、稲刈りの季節になる。毎日、みんなで稲束を縛るすがえをなった。玄関の土間に埋め込まれた丸い大きな石の上で、稲藁を木槌で叩き特製の櫛でといた。その中から丈夫な軸を2、3本ずつ手のひらにとり、ねじり合わせてすがえをなう。すがえづくりは、一年を通した夜なべ仕事でもあった。

　また、我が家では、農作業で使う藁縄もなっていた。土間には、藁縄をなう大きな機械が置いてあった。ラッパのような口をした2か所の投入口から、稲藁を途切れなく少しずつ投入すると、機械がクルクルと回転してねじり合わされ、見る見るうちに縄ができ、綺麗にリールに巻き取られる。ガチャガチャという軽快な機械音が響き渡り、なぜか今でもよく覚えている。

懐かしき大草小学校時代

藤原　喜郎（大草町・昭和29年生）

　私は昭和36年4月に大草小学校に入学した。男子13名、女子7名、計20名。当時も今も小さな学校である。小さな学校の小さな思い出を記していきたい。

【校舎・教室】

　校舎は木造平屋の3棟。一番前が5、6年教室、職員室、給食室、真ん中が1、2、3年教室、後ろが4年教室、音楽室、理科室であった。体育館がなかったので、学芸会や卒業式は5、6年教室の境を外して会場としていた。その間の臨時教室は音楽室と理科室であった。また、購買の小さな建物があり、ノートや鉛筆などを売っていた。低学年の机とイスは2人用であった。特に不便を感じたことはなかった気がするが、1人用になったとき自分だけで使える、動かせるうれしさを感じた。

　便所は西側の隅にあり、暗いところであった。担任の先生が、「昔この辺りで病気の馬を殺していた。だから夜には馬の幽霊が出るといううわさがある。宿直で泊まるとき、夜の見回りがちょっとこわいよ。」と話してくれた。くさいだけでなく、怖いところでもあった。うれしかった特別教室は図書室である。5年？の時、建て増ししてできた。新しい本も入った気がする。本が好きだった私はよく図書館に通っていたと記憶している。

【学校行事】

　当時は家族で出かけることなどほとんどない時代だったので、校外学習はとても楽しみであった。遠足は文字通り遠くまで歩いた。5年生は白谷海岸まで、6年生は蔵王山の山頂まで登った。なぜか、帰りの神戸の新美（にいのみ）の坂で食べた夏みかんのことを覚えている。

　5年？では、バスで名古屋見学をした。バスを使っての学習はとてもうれしかった。暗いうちに出発し、名古屋城、中日新聞社などを観光バスで回った。

　修学旅行は、春に校内で赤痢が発生したために秋に延期になってしまった。そのため、バスは六連小学校と一緒の予定だったものが大草だけになってしまった。楽しみは買い物、小遣いは500円。初めて家族にお土産なる物を買ったのである。覚えているのは旅館のふとん。背の大きい子と小さい子がペアになって1枚の布団で寝たのであった。

【今も手元にあるノート】

　どういう経緯で残っていたのかわからないが、小学校2年、3年の算数、社会、理科などのノートが未だに私の手元にあり、もう捨てられない。これらのノートからは、当時の大草小学校の臭いが漂ってくるようである。

谷熊新田と汐川干潟

白井　英俊（豊島町・昭和29年生）

　私の小学生の頃（昭和30年後半）は、豊川用水の通水前であったので、ため池の水に頼った稲作が主に行われ、畑ではイモや麦などが作られていた。養蚕業も行われていた。

　私の家には豚舎と鶏舎があり、農耕用の和牛も飼っていた。他にはヤギ、ウサギ、チャボ、犬、猫、それにメジロとリスがいた。今では信じがたいがキジも飼っていた。さながら動物園のようだった。弟はヤギの乳で育ったと聞いているが、私の記憶ではヤギの乳はあまり美味しくなかったように思う。

　その当時の思い出はたくさんあるが、特に稲刈りについてお話ししたい。

　私の家の田んぼは現在の中央公園の所と谷熊下の谷熊新田にあった。中央公園の所の田んぼの水は、佐平池や清吾池などのため池に頼っていたが、谷熊新田はため池がないので、井戸水を利用していた。谷熊新田は蜆川の河口にあり、堤防を隔てて汐川干潟が広がっていた。

　当時は刈った稲をすがいで束ねてはざ掛けにするのが一般的だったが、谷熊新田では堤防の斜面にはしごを固定して足場を作り、刈った稲を10束位ずつ背負ってはしごを登って天端（てんば）に稲を干した。

　コンバインのない時代だったので、すべて手刈りで行われていた。田んぼに多少の水があっても稲刈りをしたので、稲の束は重く、田んぼも歩きづらかった。小学生の私にとってはたいへんつらい作業であったことを思い出す。唯一の息抜きはポンプ小屋の湧き水を飲むことだった。ポンプ小屋の辺りは道路沿いに松の木があって涼しく、また、水も冷たく大変おいしくほっとした記憶がある。

　昼休みなどに干潟に入ってトビハゼを捕まえることも楽しみだった。当時の干潟は泥干潟で、トビハゼやゴカイなどが生息しており、渡り鳥なども多く見られた。田んぼで農作業をしているとシラサギも近くで見ることができた。汐が満ちてくるに合わせてハゼ釣りもした。ボラも見かけ、弟が捕まえようと悪戦苦闘していたことを思い出す。

　冬になると、夜ぼりと言って、カーバイトの灯を頼りに舟で干潟に眠るハゼ（20〜30㎝）を突きに出かけた。竹串に刺したハゼをレンガで囲った炭火で焼き、焼いた後に乾燥させ、だし汁に使った。特に、とろろのだし汁の味は最高だった。ハゼを食べるのではなく、出し汁に使うなんて、今思えば何とも贅沢である。また、汐川干潟ではカモ猟も行われていた。

　汐川干潟が泥干潟ではなく、砂干潟になってしまい、トビハゼやゴカイもいつしか姿を消してしまった。たくさんの渡り鳥が飛来する全国でも有数の干潟であったのに誠に残念なことである。

鈴木政一撮影

子供の役割

仲井 通泰（西神戸町・昭和29年生）

子供の頃、家の手伝いは普通のことで特別なものではなかった。家族の戦力として自分の存在を子供ながらに無意識に感じていたのかもしれない。そんな中でも米作りは一番の大変な仕事で重要なイベントであった。

【畦塗り】

よく祖父について田んぼの畦塗りに行った。少し水のついた田で祖父が備中でならした土を畦に盛り上げる。その後から鍬で押さえながら形を整えていく。2mほど進んでは腰を伸ばし一休み。泥遊びの延長のつもりが楽しくなくなり、先に家に帰ったものだ。今思えば祖父はゆっくりと着実に単調な作業を行っていたものである。

【代掻き】

耕耘機に水田車輪を付け田んぼを何往復もしてかき混ぜていく。最後にはしごを引っ張り平らにならして終了。水路を塞ぎ田に水を入れて帰宅。皆が同じ時期に作業をするため水の取り合いが起きる。夜中に懐中電気を持って見回りに行ったこともある。

【田植え】

風呂の湯につけて発芽させた種もみを田んぼの一角に作った苗床で育て20cmほどになったところで田植え。代掻き後の泥水が落ち着いた田んぼに木製の田植え用の定規（？）で線を引く。田植え当日は親戚など大勢の人に手伝ってもらう一大イベント。もちろん子供たちも皆駆り出され、苗床から採った束ねた苗を田んぼに運び、植付

けする人の近くに投げ入れるのがちびの役目。少し大きくなると田に入り大人と一緒に田植えを行った。足元をヒルがふわふわと泳いでいくのがとても気になったものである。昼食は田んぼでおにぎりに卵焼きとおやつのお菓子が楽しみの一つであった。

【稲刈り・脱穀・籾摺り・精米】

稲の刈取りは最初のころは鎌で行っていた。片手で株をつかみ根元をザクザクッと刈り取る。子供の小さな手では2株くらいしか持てず大人のスピードにはかなわなかった。大人は凄いな！と思ったものである。

その後束ねた藁をはざ掛けし、数日かけて乾燥。乾いた後に取り込み運搬車に積んで家まで運ぶ。耕耘機に専用プーリーを付けベルトで脱穀機を廻して脱穀。機械操作は父親の役目で子どもはひたすら補助作業。汗をかいた肌に稲のほこりが付き、ちくちくして痒くて嫌だった。

乾燥後は公民館にある籾摺り機で玄米にしてブリキ缶に保管。必要なだけ共同の精米機で精米。今でもそうだが新米はご飯だけでも美味い。

今ではトラクター・田植え機・コンバインと機械化が進み稲作作業も楽になったものだが、逆に子どもの手伝う仕事がなくなり、家族イベントが失われた気がする。

『渥美町農協合併20周年記念史』より(1996)

昭和41年の集中豪雨の思い出

平井　克己（神戸町・昭和29年生）

　小学校入学前、まだテレビが各家庭に普及していなかったので、平成天皇の結婚式は兄の友達の家に見せてもらいに行った。小学生になり、家にテレビが入ると、かじりつくようにして「月光仮面」、「少年ケニア」、「ウルトラ Q」とか、いろいろと見ていた。戦後の復興期から高度成長期にかかるまでの時代だった。

　私の生家は川岸で、昔の古びた船倉橋から少し離れた現在の船倉橋の南側にあった。家業は自動車修理をしていて、それなりの広さがあった。当時この辺りは田んぼが広がっていた。今でも土地が低く水に浸かりやすい地域だ。「大坪」という地名も本来大きな田んぼの呼び名だったと聞く。

　この頃の景色は今とは違い、建物も木造住宅が多く道も狭かった。私の家の裏には造船所があって子供たちの格好の遊び場になっていた。大きな材木が横たわっていて、大人が2人がかりで大きなのこぎりを使って厚い板を引いていた。次第にできていく大きな木造船の中で遊ばせてもらったりした。やがて進水式が行われ船が出て行くと、がらんとした空地に寂しさを覚えた。当時の汐川はかなり汚れていて、とてもきれいな川とは言えなかった。しかし、昭和41 年にこの汐川が氾濫し、我が家が水害に巻き込まれるとは思っていなかった。江口明美さんが『渥美半島の昭和』（2022）に記した通りだった。

　今では便利なものがあり、同年10月12日18時から21時の2～3時間に渥美半島から浜松辺りだけを襲った集中豪雨だったことを調べることができた。それを見て記憶がよみがえってきた。

　夕方暗くなった頃、玄関の土間にまで水が入ってきて、みるみるうちに水位が上がってきた。親たちは机の上に畳を積み上げてから2階に逃れた。下の様子を見ていると、私たち兄弟が飼っていたジュウシマツの鳥籠が下駄箱の上に残されていた。取りに行くにも時すでに遅かった。天井近くまで達した水によって畳もスローモーションのように崩れ落ちていった。

　途中から電気も消え、暗闇で不安な一夜を過ごした。当時の国道259号は川のようになった。懐中電灯で時々照らすと、ドラム缶や悲鳴を上げる豚、いろいろなものが濁流の中を流されていった。道向かいの家は平屋だったので、天井から瓦屋根に上がって難を逃れたようだった。

　翌朝、少しずつ水が引いていく頃、自衛隊が救助にきた。2階から私1人だけが船に渡され、水のない所に移されて乾パンと牛乳をいただいたことを思い出す。

　田原駅前や寺下通りも被害があり、死者も 1 名出たと聞いている。当時の警察、消防、役場など大変多くの方々の努力があったことと思う。今でもこの水害時の水位が赤いペンキで古い電柱に印されている。

　昭和34年の伊勢湾台風でも、床上浸水の被害に遭っている。家も工場もそこから離れたところに移ったが、近年のゲリラ豪雨等で10年に1度くらいは床下、床上浸水の被害に遭う。銀行、家電店、スーパー等は地盤を1mくらい高くするなどの対策をしている。

田原駅前通りのお菓子屋の物語

岩本　文彦（田原萱町・昭和30年生）

昭和の時代、三河田原駅から上町に繋がる駅前通りには、食堂、本屋、菓子屋、理髪店、時計屋、自転車屋、八百屋、靴屋、洋服屋など数多くの商店が並んでいた。栄福堂という菓子屋は、駅から国道に向かう途中の交差点の角にあった。

昭和の終わりの頃の三河田原駅から見た駅前通り

近所の子供たちや、バスや電車を待つ間に時間調整で立ち寄る人たち、部活で小腹をすかせた学生たち、パンやおやつを買っていく人たち、暇を潰すために来る老人たちなど、さまざまな人々のさまざまな理由のためにこの店は存在していた。

昭和30年の夏、栄福堂の長男として生まれたのが私だった。そこで育ち、戦後の経済成長と、町の変化をそこから眺めてきた。

駅の位置が変わり、町の風景はすっかり変貌し、記憶を共有する人がどんどん少なくなった。栄福堂の過去の記憶を自分が残しておかないと、歴史の中でそれは無かったことになってしまう。

すでにあの世に旅立ってしまった両親や祖父や祖母が残念がると思うので、思い出を書き残すことで、過去をほんの少しでも定着させておきたいと思う。

昭和の終わり頃には、祖父の代から続いていた栄福堂は、小売専門の駄菓子屋になってしまっていたが、家の奥には工場があり、私が子供の頃は、実に様々なお菓子を製造し、販売していた。そんないくつかの記憶の断片を書き残しておきたい。

【5月の柏餅】

5月に柏餅を作っていた。それも柏の葉っぱの収穫から行っていた。

昭和の終わり頃の栄福堂

大きな柏の木が庭に生えている農家が加治にあり、自転車で父と一緒にその家に出かけていった。その木に梯子をかけ、父が鋏で葉っぱを切り、木の下で子供の私が葉っぱを籠に入れた。持ち帰ってきた葉っぱを工場で煮て、1枚1枚丁寧に洗った。

餡子は龍門寺と龍泉寺の間あたりに小豆屋があり、そこから小豆を仕入れてきていた。小豆の豆から煮たのか、それとも小豆の粉末を使ったのかはわからない。

餅の部分は、もち米を蒸して石臼でつい

て作っていた。餅を一つ分取って丸く伸ばし、餡子を入れて、片側を閉じる。閉じたほうが外に見えるようにして柏の葉を巻くというのが父の拘りだった。

5月5日の日には店頭のショーケースに柏餅がいくつも並べられた。販売する時に包むのは木を薄く皮状にした経木（きょうぎ）だったが、いつの間にか包装用の紙になった。今では想像もつかないが、すべてがハンドメイドで、オーガニックで、SDGs だった。

【冠婚葬祭用の饅頭】

結婚式や葬式や法事の時は、饅頭の注文が入って、大量の饅頭を作った。

四角い大きな蒸籠を何段にも重ねて蒸すのだが、工場全体が水蒸気で覆われて、子供の私にとっては、まるで雲の中を浮遊しているようで楽しかった。

蒸し上がった饅頭は、冷ましてから大きな木箱に並べ、それを自転車の荷台に何段にも積んで、父に連れられて配達に行くのがまた楽しかった。

海岸のそばの高松の大きなお寺にも何度か行った記憶がある。田原から高松に向かう途中の大草で、汐川を渡る橋のあたりに小さな売店がぽつんとあり、そこで薩摩揚げを買って、河岸で父と食べたのが記憶に鮮明に残っている。「薩摩揚げ」とは呼んではなかったと思うが、それがとても美味かった。

【真夏のかき氷】

夏にはかき氷が最も人気のメニューとなった。氷は萱町会館の隣にあった大きな製氷所から買ってきた。製氷所で氷の塊を鋸で切り出してもらい、家でかき氷の機械に

合う大きさに割り、それをブリキでできた冷蔵庫に入れて保管した。電気の冷凍庫が無い時代に、夏の炎天下によく氷を保存できたと思う。

かき氷の機械は最初手動だったが、やがて電動になった。しかし、氷を保管する冷蔵庫はずっと電気式ではないままだった。

店には数人が座れる座席があり、暑い夏の間は結構混んでいた。透明なシロップをかけただけの「せんじ」（これは東海地方独特の名称らしい）、赤いシロップの「いちご」、緑の「メロン」、黄色の「レモン」、練乳の「ミルク」、小豆をのせた「金時」などのメニューがあった。「宇治金時」などもあった。

栄福堂の「金時」は、カップの下ではなく、小豆を氷の上に乗せていた。氷がその重みで圧迫されるので、氷は多めに入れておく必要があった。

夏の間はほぼ毎日、午後3時頃、萱町の国道沿いにあった渡辺機開の工場から従業員用のかき氷の注文が一度に何十個も入った。出来上がり次第、岡持ちに入れて運ぶのだが、まさに時間との戦いだった。あわてると氷が崩れてしまう。しかし、急がないと溶けてしまう。

小学生なのに、出前を手伝ったり、製氷所に氷をもらいに行ったり、かき氷のガラス皿やスプーンを洗ったりしていた。

【冬の関東煮】

寒い冬には、関東煮が店に登場した。おでんなのだが、関東煮と呼んでいた。七輪の上の鍋に竹輪やこんにゃくが温められていた。出汁で味がついていて、そのまま食べられるようになっていた。

店は夜遅くまで開けっぱなしだったので、

冬の間はとても寒かったが、関東煮の暖かさが救いだった。鍋のお湯の中には、牛乳瓶も何本か入っていて、温かい牛乳を飲むこともできた。

関東煮と牛乳瓶のお湯は混ざらないようになっていたが、具体的にどのような形状になっていたのかは忘れてしまった。

店には真空管のラジオがあり、中日ドラゴンズの野球中継やら時々ビートルズの曲が流れていたのを覚えている。

【おめでたい時の落雁（らくがん）】

落雁もよく作っていた。澱粉質の粉と砂糖を混ぜて作った素材を型にいれ固めたお菓子で、御供物やお祝い用の品として使われていた。

今も栄福堂に残る落雁の木型

鯛や鶴、亀、菊の花など、さまざまな大きさや形の木型があった。鯛は白のベースの上に赤の着色料を霧吹きで吹きかけて、色鮮やかな鯛を作った。

雛祭りの時の菱餅も、落雁で作っていた記憶がある。今は使っていないが、木型の一部が今も残っている。

【その他いろいろ】

ういろうも自分の家で作っていた。緑色や茶色のものが基本だったが、長方形の形に蒸し上がったものを糸で正方形に切り出し、さらに対角線で切って三角形にした。

月見団子や、練り切りなどの和菓子、水飴、鏡餅など、今からは想像もできないほどの製造品目だった。丸型で婉曲した煎餅も作っていた。そのための器具もいっぱいあった。

あんまきを作っているのを見た記憶もある。やがて機械化が進み、個人店レベルでは割が合わなくなり、大手の工場が大量生産する流れになった。それとともに栄福堂の工場は製造という役割を無くしていった。

栄福堂は、菓子製造業から販売だけの菓子店にかわり、子供のニーズに対応した駄菓子店へと変わっていった。

そんな時代もあった。時代が変わり、消え去っていく技術もあるが、そんな製造の歴史があったという記憶は、消えないでいてほしい。

昭和40年前後の栄福堂の前で

泉漁港の思い出

川合　繁夫（江比間町・昭和31年生）

　私は江比間地区に生まれ、この地で半世紀を過ごした。江比間は東・西・南・北・中・里の6組に分かれている。

　泉漁港周辺と江比間の信号から海側を里組という。

　上の写真は今から50年前の泉漁港と製氷所である。木橋を渡ると今の渥美鉄工所があり、その裏には広場があった。お盆の夜になると、お墓参りに都会から帰省した人たちもこの橋を渡り、盆踊りを見たり踊りに加わったりと賑やかだった昔が思い出される。

　左下の写真の奥の建物は製氷場である。ここから砕氷を漁船に積み込んだ。この氷は中に空気が入っておらず良品であった。無色透明で澄み切っているので、溶けにくく長持ちした。かき氷を売っていた店でも、評判がよかったと聞いている。その氷を砕氷にしてイワシの買い付けに走り回っていた。

　七峰山が写った上の写真の左下には当時の泉漁港所属のいずみ丸が役目を終えて廃船になっている。いずみ丸の後ろに停泊している木造船はだるま（達磨）船である。私たちは石船と呼んでいた。幡豆あたりの港で石を積み、名古屋港の方へ運んでいたと聞く。台風時にはこの狭い港内に7隻くらい繋いでいたと記憶している。小中学校の頃にはこのだるま船の船橋から海に飛び込んで遊んでいた。

　なお、写真中の人物は叔父である。

回想法で聞いたカイコの思い出話

田原市図書館司書　杉浦　未央

田原市図書館の私たちは「元気はいたつ便」という仕事もしている。懐かしい道具や写真などを持って高齢者施設に出向き、回想法やレクリエーションなどを行うサービスも行っている。その中で、数々の貴重な思い出を伺うことができたので、ほんの一部だが紹介したい。

これを読むことで、懐かしく感じたり忘れてしまっていた子ども時代のことを思い出してくれたりする方がいれば幸いである。ここでは、養蚕に関する道具を持って行った時の皆さんからの思い出話を紹介する。

【お蚕様】

製繭器

昭和10年頃まで養蚕は儲かったため、人間より偉いという意味で「お蚕様」と呼んでいた。

屋根裏にカイコを飼っている家が多く、家の形を見るとカイコを飼っているかどうかわかった。家の一番いい場所でカイコを飼っていた。8〜10畳ほどの部屋に藁で編んだ仕切りを広げ、そこで繭をつくるまでカイコを育てていた。カイコの飼育スペースを優先するあまり、人の方が納戸で寝るほどだった。

寒い日には練炭を炊いて「お蚕様」の飼育部屋を暖め、自分たちはその間長屋で寝泊まりするなど、手厚く世話をした。

桑の葉がたくさん必要で、8畳ほどの部屋いっぱいに葉を敷き詰めてカイコを育てていた。夜中には、カイコが桑の葉を食べる音でなかなか眠れなかった。カイコが卵から孵ってすぐの頃は、桑の葉を細かく刻んで与え、それから繭になるまでの約半年ほど大事に世話をしていた。

桑籠

カイコの卵はとても小さいので、大きさに合わせた籠で大切に飼育していた。

カイコの繭を糸にして売る人、繭のまま売る人など家によってカイコを売るタイミングが違った。

【御糸舟】

昔から7月頃に、亀山地区に集められたカイコの絹糸を伊勢神宮に奉納した。奉納者の一員として参加したことがある。今は伊勢湾フェリーで行くが、昔は漁船で行った。伊勢には1級品の白い糸を奉納し、自分たちは2級品以下の糸の色を染めて使用した。

田原市は養蚕が盛んな地域であったため、どの施設でもいろいろなお話を聞かせてもらった。両親が養蚕を営み、子供の時にその手伝いをよくしていたという方がほとんどだった。

こういった昔の思い出を話してくれる方は高齢の方で、あと数年か後には聞くことができなくなるかもしれない。「元気はいたつ便」での傾聴は今後も行っていく必要性のある大事な活動だと感じる。

西山の開拓

　亀山小学校に勤務していた小久保豊氏が、昭和61年に西山入植者8名に取材して記録した西山の開拓の体験談を本会が編集し、関係者に承諾の上で掲載する。

伊良湖オーシャンリゾートホテル駐車場から見た西山の開拓地区　2023年3月撮影

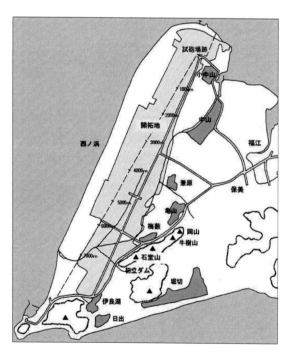

西山の開拓地の広がり

開拓集落（石斗・中里・穂波）の位置図

西山の開拓年表 （1946～1973年）

※本年表は、岬開拓農業協同組合編『西山のあゆみ』(1973)、
小久保豊氏が取材してまとめた年表を基に作成した。

昭和	月	日	西山のできごと
21			愛知県が入植者を募集
	4	10	岡崎市美合の県追進農場で101名が基礎訓練を受ける
	5		小中山の旧射場廠舎に分宿し6kmを往復し共同開墾に着手
			20人が猿投地区の開拓へ
	7		3集落が結成され、石斗、中里、穂波と命名
	9	10	第1次土地配分(1人5反)石斗40戸、中里40戸、穂波20戸が本格的個人開墾
	11		7～10坪のセット住宅を建設
22	4		福伊開拓団を結成
	8		農地開発営団に談合のため全員が小中山に押しかける
	9		営団を閉鎖して農林省伊良湖開拓建設事務所とし事業開始
23	5	1	岬開拓農業協同組合を結成 開拓をあきらめる者が多く、残留者88戸
	11		組合の事務所の建設(セット住宅2戸分)
24	2		土地配分が決定
	4		各家庭の電灯設備が完成
	6		開拓分教場補助金より亀山小学校の増設
			亀山地区より新規入植者10名
26	4		第2次土地配分
	10		開拓5周年、西山神明社建立
27	3	15	飴玉大の雹が降り温室に被害
	6		試砲場としての接収に反対運動を開始
	7		豊橋の全国開拓者大会にバス2台で参加し接収反対の陳情

昭和	月	日	西山のできごと
	8		試砲場反対運動が広がる
			中山地区より10戸の新規入植
28	1		試砲場は石川県(内灘村)に決まる 入植10名穂波3班
			植林事業開始、主に中里2か年 地元と富山県より25戸入植
	9	24	台風13号により被害多大
29	9		加工場施設が完成、運転開始 たくあん加工場建設
30			大型温室15棟の建設により温室経営が本格化
31	9		15号台風に襲われ被害を受ける
			農林省伊良湖開拓建設事務所が事業完了し閉鎖
32	9		たくあん加工中止
			共同出荷所(60坪)を建設。組合が電話に加入
34			スプリンクラー4基の普及
	9		伊勢湾台風に襲われ、組合施設・家屋が全壊し甚大な被害を受けた
	11		全壊者は町より仮設セットを受け仮住まい
37	7	2	集中豪雨で130戸床下浸水
38	3		飲料用水道工事完成
			海岸堤防(11.12km)完成
			部落放送開始
39	5		畑地灌漑第一地区工事完成
40			畑地灌漑第二地区工事完成
41	10		畑地灌漑第三、第四地区工事完成
42	11		1号排水路の改修工事完了
43	5		豊川用水が完成し全面通水
45			残留者計135戸
48	8		農事組合法人西山組合を設立
	10		西山公民館開館
	11		開拓完成祝賀式開催

平成5年に小中山の6階建から撮影した西山地区　渥美半島郷土研究会編『渥美線』(1993)

本田　十五（穂波2班）

【西山に来たのは】

　昭和23年に亀山に来て、翌24年に妻と子供と3人で入植した。

　名古屋で牛乳配達と小売りをしていたが出征した。妻子は岐阜の妻の在所に疎開していた。県が西山開拓の二次募集をしていたのを知って入植した。

　祖母が亀山の出身ということで来たが、農業の経験がなかったので、農業で生活していく自信がなかった。営団側も「入植したら夜逃げをするな。」と、釘を刺すぐらいであり、前途に不安であった。

【開拓の仕方】

　はじめに松の木を切って根を起こした。松は2mほどの低い木ばかりだった。土地は凸凹が激しく、石はざる（いしみ）で運び出し窪地に埋めた。すべてが手作業だった。妻は身体が弱かったため、一人で開墾したので、一日で8畳ぐらいだった。昭和30年くらいまでに少しずつ開墾を進めていった。

　1mも掘れば水を得ることができたので、生活用水の苦労はなかった。

　土地の配分は宅地1反（10a）、農用地1町歩（1ha）で、係員が荒縄を張って分けた。期日までに一定部分の開墾を行うと、開墾費として国から奨励金が支払われた。肥料は県開連から安く配ってもらったが、亀山の農家に売って食料に替える人もいた。

【開拓の苦労】

　砂地で作物ができないので、亀山や兼原から赤土を牛車で運んで客土として入れた。砂地に土を入れると、客土費として国からお金が支払われた。土を肥やすために牛の糞を集める人もいた。畑地は天水のみで灌漑は行わなかった。

　農家でなかったので、作物は何を作ったらよいかわからなかった。とりあえず夏作にサツマイモ、冬作に麦を作った。ソバやダイコンも植えた。イモは亀山にあった農協の

澱粉工場へ売り、麦は農協や商人に売った。カンラン（キャベツ）はだいぶ経ってから植えた。

昭和30年頃から温室が建てられたが、当初は30坪（100 ㎡）くらいの小型の温室でトマトが作られていた。その後に50坪の温室も建てられるようになった。西山のトマトは評判がよかった。

どこの家でも役牛を飼っていた。餌は草を刈って与え、糠（ぬか）を与えることもあった。豚を飼う家もあった。犬は家の番犬として、猫はネズミ対策で飼った。

風が強い所なので、強風に備えて家はなるべく低くしたが、低地だったのでよく水がついた（浸水した）。昭和37年の集中豪雨では一週間ぐらい水についたままだった。この時は町の給水車が水を配給してくれた。

接収問題では、「ただただ土地を取られたくない」という思いで反対をした。せっかくここまで開墾したのに、もう二度と他の土地でやり直したくなかった。豊橋市の高師の基地農家を拠点にして反対運動を広げていった。

昭和37年7月の集中豪雨による開拓組合事務所付近の床下浸水の様子　西山地区蔵

【生活の様子】

食べるものには苦労し贅沢はできなかった。普段はイモや麦。うどんはごちそうであり、年に一回ぐらいの法事の時にしか食べられなかった。

子供は松の根っこを取ってきて、瓦屋に売ったりして稼いでいた。

開墾をあきらめて、商売や医師などの元の仕事に戻った人も多かった。

川口たつ子（穂波4班）

【西山に来たのは】

昭和28年10月頃、13号台風の後だった。夫が漁船で煮干し用の魚を獲りに出漁していて台風に遭った。神島で助かったが、陸に上がろうと決心した。

募集は土地改良の役員に聞き、30人ぐらいの中から面接で入植が決まった。

立馬崎（小中山）の近くにあった家の地所を売り払って入植した。夫と私と子供2人（4歳と2か月）で来た。小中山の家を壊して運び、大工さんに家を建ててもらいながら開墾をした。

大砲が破裂してできた家半分くらいの跡があちこちに残るようなデコボコの荒れた土地だった。富山県から入植希望で来た人が一目見て逃げ帰ったという。半年か1年で小中山に逃げ戻るだろうと笑われたが、小中山の地所を売り払って来たからには、絶対に開墾を成功させようという覚悟だった。同時の入植者は近所の2軒と佐竹さん、荒井さん、鬼頭さんと私の6軒だった。

【開拓の仕方】

3mくらいの松の木を切り、根っこを掘り起こした。凸地の砂や石を拾って、牛車で

運んで大砲の穴などの凹地に埋めて平らにした。道具はスコップやはびろで、大きな松の  木の根はのこぎりで切った。根っこを掘り出すのが面倒なので、丸太を使って引き抜いた。2人で働いて一日30本ぐらいの松を抜いた。広さにして8畳2部屋分ぐらいだった。人よりも後に入ったので、検査の日までに一定の開墾を済ませていなければいけなかったから、休みなしに働いた。土地は1町3反（130a）と決まっていた。6軒でくじを引いて、ここ（穂波4班）に決まった。

家庭用水は鉄パイプを3mほど地面に打ち込んで得た。地下水面は2mぐらいだった。客土は壁土を牛車で20〜30台分くらいもらって運んだ。西原にあった畑を田に変える保美に住む人のところからもらった。早朝より夕方まで一日4回ぐらい運んだ。

【開拓の苦労】

少し開墾をしては種を蒔き、また開墾をするというように継ぎ足していった。当時は周囲が未開墾で砂山ばかりだったので、風が吹くたびに砂が飛び、一晩で10cmくらい畑が埋まった。特に冬作の麦は、砂ぼた（砂山）から風で飛んできた砂で埋まり、風向きにより埋まる場所が変わるという有様だった。

冬作は大麦や小麦で、夏作はサツマイモだったが、3年目頃からようやく作物ができ始めた。冬作の方ができがよかった。昭和33年5年目からは夏作に落花生を作った。昭和43年に豊川用水ができてからは野菜作りが盛んになり、インゲン豆も作った。現在は冬にカンラン（キャベツ）、夏にスイートコーンを栽培している。

肥料として海草のモク集めをする人が多かったが、家では昭和36年から畑を肥やすために豚を飼った。一頭から始め、現在は280頭ほどに増えた。豚の世話は夫、畑は娘夫婦がやっている。私は両方を手伝っている。

砂で埋まると、砂かきをしないと道も通れなくなる。買い物などは近くの人と一緒に半日がかりで、いろいろとおしゃべりをしながら自転車で福江まで行ったものだった。

リヤカーを買うとか、物置を作るとか、牛を飼うとかで国から安く長期でお金を借りた。そのお金を生活費に充てる人もいた。

土地の分配に際し、1反1,100円を払った。1町3反で13,000円かかったが、20年ぐらいかけて返済した。

豊川用水が来る2年ぐらい前から、発動機による畑地灌漑が始まったが、ほとんどの家は雨水が頼りだった。

高木金一郎（中里1班）

【西山に来たのは】

昭和21年5月10日に単身小中山の試砲場跡に入植した。10月に6坪のセット住宅を現在地に建て、11月ごろに妻と子供2人（小2と4歳）を呼んだ。

名古屋の南区大江に住んで三菱航空機大江製作所に勤務していたが、空襲で焼け出され終戦になった。中島郡平和町の妻の実家に半年ほど寄留していたが、空襲は悲惨だった。

入植の募集は新聞に出ていた。県庁に

勤める知人に聞いて申し込んだ。農機具製作の鍛冶屋としての仕事柄、面接なしで決定した。食糧も仕事もなく、事業を興すのにも土地も手に入らないということで、西山開拓に行くことにした。

妻の実家では、離れを作る用意をしていて入植には反対だったが、妻の同意で入植した。入った以上は絶対にやるつもりだった。

【開拓の仕方】

朝4時頃から起きて夕方まで松の木を掘った。道具は県から買った唐ぐわ、備中、のこぎりと鎌、スコップ、鍬を使った。生活用水は1.5mほど掘って土管をいけて井戸にして得た。水をくみ上げるのに、当初はつるべ、後にポンプを使った。

開墾は明和橋の向こう側の牛舎の所から始めた。場所によっては砂利が多く、石拾いが大変だった。一日一畳分ぐらいしか拾えないこともあった。拾った石は畑の隅に積んでおくと、建設用コンクリートや道路補修用として誰かが拾っていった。

石斗の方から畑に客土を始めたが、赤土を入れると酸性になったし、粘土を入れると乾いたときにカチンカチンになり何もできないので、客土の効果はほとんどなかった。客土より堆肥を入れることに力を注いだ。砂地には客土は必要かもしれないが、砂利には必要ないと思った。

土地の配分は希望をとりくじ引きで決めた。とりあえず宅地と畑2反、最終的には畑1町3反で、開墾を終えるのに4年ぐらいかかった。

【開拓の苦労】

土を肥やすために堆肥作りをした。草を刈って人糞や井戸水をかけて堆肥を作った。牛を飼ったり（現在は50～60頭）、豚（10頭くらい）を飼ったりして肥料作りをした。

夏作のイモやソバは、砂が焼けて少ししか育たなかった。アワやキビも作った。畑地灌漑はほとんどなされておらず、苗場に水をかける程度だった。昭和38年に水道が引かれた時、中里地区ではポンプ場から水を引いて、スプリンクラーを使って灌漑をするようになった。畑に掘った井戸の水は、現在では豊川用水が間に合わない時（年に数回）にポンプを使って汲み上げて使っている。

土が肥えてくると、堆肥が砂を抱えるようになり、砂が飛ばなくなった。

雹（ひょう）が降った時には、苗床用にガラスのフレームを作っていたが、子供がとっさにコモをかけてくれたので、割れずにすんだ。雹で作物がやられたが、すぐに肥をかけて精力回復に努めたので、平年並みに収穫できた。台風で水がついた時も、すぐに手を入れたら平年並みに収穫できた。水がついた時には2日ほど亀山で炊き出しをしてもらったこともあった。

種の類いは当初は配給で手に入った。

接収問題ではとられるわけがないと自信を持っていた。中にはこの際土地を売った方がよいと思った人も20人ぐらいいた。300万円くらいで売って新しい仕事を始めようと考えた人達。当時の大工の日当が4,000円くらいなので、300万円はそれほど高くなかった。

温室ではトマトが作られていた。後にキクが加わり、インゲン豆を作った人もいた。

現在はメロンが作られている。

【生活の様子】

　昭和21年ころ預金封鎖に遭い、十数年働いて貯めた預金が反故になったことが一番痛かった。西山へは蓄えなしで来る羽目になった。現金収入を得るために山仕事など何でもやった。米は配給で少なく、麦飯（麦7・米3）が普通で、うどんの方がうまかった。麦を農協に持って行くとうどんにしてくれた。

【子供たちに伝えたいこと】

　苦の後には楽がある。楽の後には苦がある。そういう長い目で見て、えらい時があっても辛抱してほしい。私は、好況→大恐慌→開戦・好況→敗戦・不況→好況・現在と生きてきて、つくづくそれを実感した。今好況でも必ず不況になる時がくるが、そのとき諦めないで頑張ってほしい。

苅谷　利雄（中里2班）

【西山に来たのは】

　昭和21年5月10日、小中山の試砲場跡に120名が4台のトラックに分乗して到着した。名古屋市中区の出身で、昭和18年1月18日に海軍に入った。終戦を機に名鉄に入社した。車輌士となるが、二度の電気事故があり前途に不安を感じていた時、運転免許証の書き換えで県庁に行って、偶然開拓募集をポスターにより知る。これからは土地は簡単には手に入らないし、チャンスだからこの際農業でやってみよう、若いから何とかなるさと入植を決意した。

　昭和21年4月11日に岡崎の追進農場へ入所し、農業と開拓の基礎を1か月間、午前は学科、午後は実習を学んだ。農場より現地へ、ふとん、飯盒、下着等の身のまわりの物を風呂敷に包み、トラックに揺られて西山へやって来た。

【開拓の仕方】

　小中山より45〜50分くらいかけて歩いて通い、現在の組合前の飛行場跡から共同で開墾した。10人くらいで一つの班を編成し、現在の組合前付近に「ジャングル小屋」と呼んだ蕃小屋を12棟作り、共同開墾を始めた。1組の2班に配属になった。まず、不時着用の飛行場跡地から開墾を始めた。飛行場跡地には、不時着時のクッションの役割をする50〜60㎝ほどの低い松が生えていた。面積は100m四方程度だった。

　班分けは、名古屋出身者40人が一組、尾張出身者40人が一組、三河出身者40人が一組であり、うち20人が7月に猿投開拓に行った。当初からその予定であり、トラックの運転ができたので、20人を送っていった。

　次に食糧確保をめざして、長池と白池（両方とも沼地）に田を作り、3畝ずつ分けて苗を亀山より分けてもらい田植えをした。

　昭和21年9月に土地を分けるということで、営団を中心にして話し合った。第一次分配では一軒当たり5反ずつと決まり、部落分けをするために希望を取った。定員は、石斗40人、中里40人、穂波25人だったが、石斗希望者が65人と多かったのでくじ引きで決めた。くじに外れた人は中里を希望した。土地の状態が悪いのと離れているという理由で、穂波希望者は少なかった。穂波には行き手がなかったので、特別に第一次分配の時から1町分（1ha）で20軒の人に行ってもらった。二次に5反（50a）、三次

に3反で合計1町3反(1.3ha)になった。

　開墾はまず営団が松を切り、切った松は売った。測量をして土地の境界をはっきりさせたり、道を決めたりした。ポール持ちに出ると、15円か18円もらえた。測量で道を決めて、とりあえず穂波まで道らしきものを作り交通を確保した。

　道具は開墾ぐわ、唐ぐわ、のこぎり、いしみを使った。道具は農林省(昭和22年9月に営団が農林省に移管した)から配給があり、割合と安く買えた。米・油・味噌・醤油・肥料・カンテラの燃料などすべて配給だった。福江から持ってきたものを人数で分けた。

　生活用水はスコップで穴を掘った。蕃小屋の中心に井戸を作りみんなで使った。井戸は松の木を四隅に立てて(2m)、大砲の弾

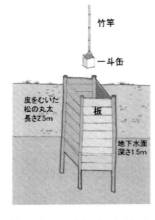

を入れていた空き箱を壊して得た板を横木に使って作った。一斗缶の釣瓶(つるべ)で水を汲んだ。風呂はドラム缶を福江から買ってきて作った。海岸にあったコンクリートのスリッパを組み合わせてクドを作り、その上にドラム缶をのせた。トイレは防風林の中に瓶をいけて作った。

　一日に10〜20畳くらい開墾した。石は道と決めた所に出しておいた。昭和21年11月に父を呼んで2人で開墾をした。昭和22年3月15日に母と妹(小4)を呼んだ。

　昭和23年5月に岬開拓農協を結成しそ

の事務員となる。一時事務所をわが家においた。連絡は自転車で回った。10月に西山大橋の横に(元山丸水産)事務所を作った。昭和28年に現在地に事務所が移り、現在の事務所は昭和48年に新築した。

　昭和23〜26年に石堂山からダンプで土を運んだ。免許証があったので他の家の人の土も運んだ。

　当時は、小中山・中山・伊良湖・亀山地区がそれぞれ増反という形で開墾を進めていたので、西山の開墾を直接手伝うことはなかった。亀山は梅薮の西方の国道沿いに7町歩ほどを60戸が共同で開墾し、一軒当たり1反〜1反5畝ずつ配分した。小中山・中山・伊良湖もそれぞれ増反した。

【開墾の苦労】

　やせた土地を肥やすために、海岸でモク(海草の一種)を集め、背負子で運んで牛に踏ませて肥料にした。牛は8,000円で雄の子牛を買った。牛の餌はササ、芋づる、カヤ、チガヤなどで、早朝に石堂山に登ってササを刈って背負子で運んだ。

　一次配分の5反の畑の中心に井戸を掘り缶で水を汲み、硫安を混ぜてまいたり下肥をかけたりした。昭和36年ころに発動機で灌漑をした。畑のわずかな傾斜を利用してパイプで畝に水を流した。

　当初は夏作にサツマイモの他にソバ、冬作には乾燥に強い小麦の他、大麦、裸麦を作った。昭和24〜27年に夏作に綿を作った。ソバは粉にひいてもらって、そば団子にしたり水とんにしたりして食べた。綿はカリフォルニア産の種を買って、豊橋の紡績工場と契約で栽培した。在来種と違い実が大きく立派な綿がとれたが、虫にやられてしま

って長続きしなかった。昭和27〜29年には落花生を1町歩ほど作った。千葉4号という品種で、水が不足して枯れてしまったが、秋にまた生えてきて10月ごろ実がなった。水をかけるようにしたら収量が増え、反当たり400kg、南京袋で10袋分がとれた。

昭和27年アメリカ軍が試砲場にするというので対応を話し合ったが、なるべく高いお金で土地を売って開拓をあきらめようという意見と、絶対反対、とにかく開拓を続けようという意見とに分かれ大変だったが、反対意見で意見をまとめ反対運動を進めた。

昭和27年に雹（ひょう）が降った。当時ガラスのフレーム（2万円）で苗作りをしていたが、雹のためにすべてだめになってしまった。杉皮の屋根は2枚重ねただけのものだったので、雹でギザギザになってしまった。

昭和28年の13号台風では、塩害のために稲は白くなってしまってとれなかった。イモも葉が枯れてしまった。昭和33年に温室でキュウリやトマトを作った。翌年の伊勢湾台風で温室は倒壊したが、すぐに作り直した。家も天井が飛んでしまった。キャベツやウリは豊川用水ができてから作るようになった。

畑地灌漑は昭和39年に飛行場跡あたりに第一畑灌ができ、昭和40年に第二畑灌が石斗に、第三畑灌が中里に、第四畑灌が穂波にでき、昭和43年に豊川用水が全面通水した。

スプリンクラーの第一号は昭和34年だが、昭和37年頃から普及しだした。当初は輸入品であり、1基8,000円で5基セットが4万円もした。しばらくすると国産品の1基6,000円、1セット3万円が発売された。

困難な開拓だったので、あきらめた人も多く、いつの間にかやらなくなる家が何軒もあった。家・畑・道具類をまとめて人に渡す人や畑をようやく5万円で売って出ていく人もいた。荒れ地で買い手がほとんどいなかったので、夜逃げ同然の人も何人かいた。昭和32年までに27戸が離農した。

・昭和24年、穂波2班10戸
　　　　　　　　…亀山地区の二、三男
・昭和27年、穂波3班10戸
　　　　　　　　…中山地区から
・昭和28年、穂波4班12戸
　　　　　　　　…中山地区中心
・昭和28年、中里4班10戸
　　　　　　　　…富山県から5名

昭和31年末には135戸になり、昭和61年現在は129戸である。

【生活の様子】

食べ物が足りなかったので、よく亀山の人からカボチャやジャガイモのくずいもを買って分けてもらった。女の人は開墾を手伝い、炊事・洗濯・風呂焚き等でとても忙しかった。「ご」（松の落葉）をかいてきて焚き付けをやったので、すすだらけで特に大変だった。電気がきたのは、昭和24年5月15日で8,000円出して引いてもらった。電気が付いた時はとても明るく感じて嬉しかった。電気が引かれるまでは、カンテラで過ごした。夜は付近に灯り一つなくさみしいところであり、タヌキの声がよく聞こえ、野ウサギも多かった。新聞は何軒かで回し読みをしていたが、読むのが楽しみだった。

農作業用の大八車は福江で買うと高かったので、費用節約のために老津まで買い

に行った。ついでに肥桶も買った。植田でトイレ用のかめを買い、大八車に載せて帰ってきた。

豊橋の大崎にあった海軍航空隊にいた時の下宿屋まで、大八車に燃料用の松の根を載せて持って行った。そこでイモに換えてもらった。松の木やその切り株と根は大きいものは薪にして売った。小さいのは燃料として使った。

セット住宅は10坪で1万円と7坪8,000円とがあったが、杉の皮の屋根は乾くと皮が割れて日光が差し込んできた。

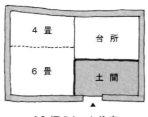
10坪のセット住宅

服は海軍のセーラー服の襟を取って縫い直して使っていた。服はすべて配給で、当時エプロン（前掛け）が闇値で1,000円もした。

食べ物がない時だったので、亀山で一貫3円50銭のサツマイモが、名古屋へ持って行くと10円で売れた。名古屋までの電車代などを引いてももうけが出た。10貫ほど担いで行ったこともあった。小中山にいた時は、開墾の帰り道でウシガエルを捕まえて食べる人もいた。必要なお金は名古屋の家を売ったお金でなんとかしたが、人夫仕事にもよく出た。一日15円〜20円もらったが、亀山で買ってもイモが一貫5円、ジャガイモも5円したので、その日の食べる分を得るのがやっとだった。ご飯はほとんど麦飯だった。家では水とんで済ませたが、子供たちには麦飯を持たせた。上の方に麦を入れ、下にイモを入れた。子供たちは元気に学校に通った。

冬はとても寒かった。風呂に入ったり、湯に足を付けたりするぐらいしか方法はなかった。夏は蚊がえらく、モグサを焚きながら外で食事をしたりした。

昭和26年に開拓5周年を記念してお宮を作り、お祭りも始めた。

【子供たちに伝えたいこと】

名古屋からお嫁さんをもらったのが一番の思い出だ。私たちはゼロから始めて今を作った。このおじいさんやおばあさん、お父さんやお母さんの苦労を忘れないでほしい。そして子供たちに農家を継いでいってほしい。いいものをたくさん作って、人が作らない、人のまねのできない、いいものを作れるよう技術を磨いてほしい。

135戸あった開拓農家だが、後継者がいなかったり町へ出てしまったり、西山にいても農業をやめてしまったりで、現在専業農家は90戸ほどだ。おじいさんとおばあさんだけでやっている所もあり、今後とも農業でやっていく家は減るだろう。それが一番心配だ。

南谷はつ江（中里4班）

【西山へ来たのは】

昭和28年11月14日に富山県東砺波郡平村上梨から夫婦と子供3人の5人で入植した。夫は家を作るために先に現在地に来ていた。家の基礎を作っている時に13号台風が来た。

西山へ入る前は、兵隊帰りの夫は仕事がなく7年ほど日雇いをして、私は羽二重織りで生活をしていた。おじが役場に勤めていたので、開拓のことを知った。食べるも

のもない、仕事もないため兄夫婦の家に同居させてもらっていたので、独立しようと思い申し込んだ。

　開拓は西山と神奈川県の山奥と2か所あったが、炭焼きをするような山奥よりも西山の方がいいと思った。西山へ入植するにはつなぎの資金として3,000円が必要だった。豊橋の基地農場で25人が講習を受けたが、入植したのは5軒だけだった。自分の家が持ちたかったのと、当時28歳で希望に燃えていたのとで来ることの不安はなかった。出征する兵士の気分で勇んで出てきた。5軒は同じ村の人だったので心強かったし、後には引けなかった。雪で苦労していたので、砂のことは気にならなかった。

【開拓の仕方】

　配給された土地の松の根を備中だけで起こして根を取り、石を拾った。黒い土があると、「ここは作物ができそうだね。」と言いながら開墾をした。1町歩の畑から石がいっぱい出てきて、ピラミッドのように積んでおいたら、道路の敷石として運んでいってくれた。松の根は焚き物にし、焚き付けには「ご」を使った。ダンプに何杯分かを客土にした。土を入れれば作物がとれると思いながら作業をした。土は牛車で運んでもらい、ぱいすけで畑にまいた。ぱいすけとは、竹を編んで作った浅い鉢形の入れ物で、小砂利など載せ一対を担ぎ棒で肩に担いで運搬する道具である。水は手押しポンプで汲み上げた（2～2.5mの深さ）。海に近いが塩気はなくおいしい水だった。

　昭和28年の入植は11軒だった。富山から来た人は、荒井さんが中里1班、うちともう1軒が中里4班、あと2軒が穂波4班に入植した。

【開拓の苦労】

　土地を肥やすためにモクやギンバの海草を畝に入れてサツマイモを作った。大八車を海岸近くに引いていき、浜から海草を背負いだして運んだ。わらを買って水をかけて腐らせて肥料にした。

　陸稲を作る人もいたが、井戸から水を汲んでかけるのが大変だった。家ではアワを作った。後に畑の隅に2反に1本の井戸を掘って発動機で水を汲み上げてかけた。当時スプリンクラーは一軒に1セットだった。今は1反に1セット。作物はイモ・麦→落花生→インゲン豆（トンネル栽培）→トウモロコシ・キャベツ。トウモロコシは実をとり、後はサイロに詰めた。インゲン豆は南京袋に詰めて買い付けに来た仲買商人に売っていた。エンドウは当初から作っていたが、痩せ地向きの作物でよくできた。スイカ（砂丘スイカ）を作ったこともあった。今は露地メロン、トウモロコシ（夏作）がほとんど。イモは小さかったが味はよかった。イモは寒いと腐るので、南側の縁の下に半地下にして籾殻に入れて保存した。後に澱粉用のイモ（護国芋）を作るようになり、福江の澱粉工場に売った。商人も畑にイモを買い付けに来ていた。

【生活の様子】

　当初は今の組合の所にあった作業小屋に寝泊まりして、夫は畑に通い開墾をした。夫が一人で家作りをしていたが、台風のため大工さんが忙しくて家作りが遅れ、いとこの家へ1週間ほど滞在した。家は少しの雨で水が入って困った。今の家は土盛りをして建てた。遊び道具がなかったので、子

供は松の枝でブランコを作って遊んだ。外れに家があるので、人が来ることが少なく、郵便屋さんがたまに来ると、子供は見えなくなるまで見ていた。中山から「ご」をかきに来る人たちがたまに来た。新聞も来なかった。着るものは着物（冬は綿入れ）で、子供は小学生の時から、豆摘み、土方作業など、手伝いをよくした。落花生の手もぎで遅くまで仕事をしたこともよくあった。

入植当時の家は、ひと間は天井ぶき、もうひと間は畳敷きであることが条件だった。

昭和43年に牛を飼った。長男が追進農場で酪農を学び、農家で1年間見習いをした後に子牛を2頭分けてもらい、さらに2頭分けてもらい、2頭を追加購入して6頭で始めた。現在は60頭ほどいる。

【子供たちに伝えておきたいこと】

自分さえよければよいという自分勝手ではなく、思いやりの心をもって仲良くしてほしい。そして健康であってほしい。西山に来てよかったことは、西山が平等だと言うこと。よくある金持ちが威張ったり、偉いさんがいて威張ったりするということがなくて、みんなが同じだったこと。同じように開墾の鍬をふるってきたことだ。

津田 辰二（穂波1班）

【西山へ来たのは】

昭和24年4月15日に妻と子供の3人で来たが、両親や兄弟（計8人）はすでに昭和21年5月に入植していた。昭和21年に入植のはずだったが、生活費を稼ぐために疎開先の西尾に残って働いていて遅れた。名古屋市中区の出身で、戦前は召集で兵隊に出たり、養成工の軍事訓練の教官をしたりしていた。空襲で家は焼け、戦後は疎開先の幡豆郡平坂町で会社勤めをしていた。昭和20年10月に緊急食料増産の話を聞いて、いいことだと思い、西尾にあった幡豆郡地方郡役所に申し込んだ。20代を戦争で過ごしたので、何か社会のためになる仕事はないかと考えた。これからは食料作りが一番だ。米は配給で食べ物が少ない現在、開拓の仕事が一番役立つし、やりがいがあると考えた。12月に結婚した。

西山への入植条件に自己資金3,000円というのがあったが、お金がなかったので、一回目の選考に残れなかった。お金は働いて得るということで、役人と話し合い、どうしても開拓をやるということで強引に入れてもらった。それで3年間は弟に開拓の代役を務めてもらい、昭和24年に入れ替わって家族は10人になった。

開拓地は西山と豊田の丘陵地にあったが、平地の西山を選んだ。西山は砂地で地元の農民が開拓をして失敗をした場所（十軒屋の辺りの中里4班）だった。昭和20年に兵隊として舞阪にいて、そこの砂地の畑の様子を見ていたので、笑われたが自信があった。砂止めのワラのことも見て知っていたので、肥料さえあれば作物はできると思った。

【開拓の仕方】

まず松の木の根っこ掘りをした。木の上の部分は営団の人が切って売ってしまった。西山の松は地下水が高いので根が横に張っている。かなり太い木でも先端にロープをかけて引くと割合簡単に抜けるのだが、上を切られて切り株だけになっていたので、

抜くのに苦労した。道具は唐ぐわ（バチ）と
つるはし、のこぎりを使ったが、能率が上が
らないので、トロッコの線路のレールを一本
運んできて、4mほどに切って、てこにして
根をこじるようにして抜いた。射場の荷物
運搬用にトロッコが小中山から伊良湖の休
暇村あたりまで引かれていた。太い木が多
かったので、一日3、4本抜くのがやっとの
こともあった（面積10㎡・6畳一間分）。

　石は拾って畑の隅にかためておくと、道
路なおし用に亀山や中山の人が運んでい
った。最近畑に石がよく目につくのは、トラ
クターが深掘りをするので、下の石が出て
くるためだ。

　生活用水は2mほど掘ると出てきた。2.4
mほど土管をいけて井戸を作った。飲み水
には困らなかった。入梅になると、地下水面
は30㎝ぐらいまで上がる。畑への水は、自
家用の野菜にかけるぐらいで、他にはかけ
なかった。肥桶にひしゃくではとても間に合
わなかった。

【開拓の苦労】

　夏は毎日草を刈って堆肥にした。またモ
ク（海藻）を集めに浜に行って肥料にした。
当時どこの海でもモクを刈ったので、西ノ
浜にはモクは生えていなかったが、いっぱ
い流れ着いた。しけた日の翌日は、夜が明
ける前から拾いに行った。舟を借りて福江
湾の高木の辺りまでモクを刈りに行ったこ
ともあった。モクの取り合いだった。集めた
モクは背負子で荷って浜から出し、大八車
で畑まで運んだ。

　化学肥料は配給されたが、少なくて効か
なかったし、畑が焼けてしまってイモは「ら
っきょうイモ」と呼ばれたくらいの小さなイモ

しかできなかった。15間（27m）の畝を起こ
してもいしみに一杯しかとれなかった。3年
間ぐらいはイモ・麦・ソバ・キビ・アワを作っ
た。4年目頃からイモ・麦が中心になった。
その後ジャガイモやエンドウも作った。ソバ
・キビ・アワは自家用で、イモ・麦は売った。

　亀山の岡山の土を牛車で運んで入れた。
砂の多い所はトロッコで運んで、使わない
土地に捨てた。そういう所が砂の山（ボタ
山）になった。トロッコは線路ごと持ってきて
使った。穂波は砂が多く荒れていたので、
石斗や中里より2反余分に土地をもらった。
石斗は土地が肥えていたが、水害によくあ
った。当時はえらかったが、今考えれば水
害も少ない穂波に来てよかった。集中豪雨
や台風で作物がやられた時は、政府からの
借入金で生活をした。

【生活の様子】

　食べ物が少なかったので、米にアワや麦
を混ぜて食べたが、米の方が少なかった。
おやつはサツマイモ、小麦粉の団子、そば
がき、こうせん（小麦を炒って粉にしたも
の）。うどんは組合の精米製麺工場で作っ
てくれた。服はなかなか買えないので、つぎ
はぎで何年も着た。

　一番の思い出は接収問題をはねのけた
ことだ。米軍が射撃練習場に（西山の）土地
を没収するというので、土地を守るために
何としてでも反対だということで、代表でバ
スと汽車を乗り継いで東京まで出かけて話
し合った。豊橋を出る時にニュースで西山
が有力だと言っていたので、東京の開拓連
盟の宿舎に泊まり込んで、あちこち必死で
頼んで回った。射撃練習場になると、近海
の漁師も仕事ができなくなるということで、

漁業組合にも反対運動に加わるように頼んだら引き受けてくれ、三重県まで反対してくれた。県や名古屋市も含めて伊勢湾に関係のある人達が一丸となって大反対をした。その結果米軍は内灘に行くことになった。この間に都合3回も上京した。

杉本　実（石斗4班）

【西山へ来たのは】

　昭和21年5月13日にトラックで小中山の試砲場跡へ来た。4月10日から1か月間は岡崎の追進農場で開拓の訓練を受けていたので、岡崎から豊橋までは電車で来た。5、6人の者は測量で先に来ていた。入植したのは私と妻・息子の3人である。

　戦争中は川崎航空明石工場に勤めていたが、空襲で家が焼かれた。戦後は江南市古知野にいて、川崎航空各務原工場で米軍による差し押さえの残務整理をしていた。米軍が旋盤など機械類をトラックに積んで持って行くのを手伝っていた。

　募集は新聞で知った。江南市布袋の地方事務所へ申し込んだ。3月ごろ選考があるということで名古屋へ出かけた。会場へは3,000人ぐらいの人が押しかけてきていたが、砂地で何もない所だということを説明で聞いて、半分以上の人が帰っていった。開拓地は挙母と西山とがあり、開拓の意志が強い人が残り、家族構成などをもとに選考された。

　戦争で負けたので何もない時代だった。自然を相手にした農業をやってみようと思った。農業の経験がなかったので、西山を見てもできるだろうと思い不安はなかった。

自分たちの食糧確保を目指した。やってみて困ったが、来たからにはやめられないと思った。

【開拓の仕方】

　木は切ってあったので、根を掘った。2人で掘ったが一日がかりで1本も掘れないような大きな根もあった。手作業だったし、いい道具もなかったので大変だった。戦車やブルドーザーを使ってチェーンをかけて引き抜く人たちもいた。道具はくわ、唐ぐわ、備中でどれも重くてがっちりした物を使った。県でもらった物は焼夷弾で作ったくわなど弱くてだめだったので、父の道具を借りたり作ったりした。木でいしみのような物を作ったり肥料をまく箱も作ったりした。石は農道へ出した。

　当初の道は、中山から梅薮までの道と農免道路の2本しかなく、農道1本作るといくらという具合に請負で作り、現金収入になった。松の木は亀山や伊良湖の人が払い下げを受けていたので、松を切ったり片付けたりする人夫仕事もした。伊良湖の増反地の開墾の手伝いもした。松の根はためておいて燃料としてイモと交換してもらったが、牛車に一杯でイモ4kg（5升籠2杯分くらい）だった。4反分ぐらいの松を集めないと牛車に一杯にならなかった。今の組合前に蕃小屋を作り開墾をした。小中山の試砲場跡の建物のトタンを剥がし材木をトロッコに積んで運んできて6棟作った。

　生活用水は井戸を掘った。松を井桁に組んで井戸を作った。2〜2.5mぐらいで水が得られた。後に中山で買った土管で井戸を作った。

　風が吹くと砂が舞い、一晩で作物の麦が

砂で埋まった。砂よけのために木の枝を5、6畝ごとに立てた。後に麦わらを使うようになった。当時は防風林の中も裸足で歩けた。畑まで家から裸足でよく出かけた。その砂が風で舞ったのだ。今はバラなどが生えていてとても裸足では入れない。

　現金収入を得るために、土方をしたり人夫仕事をしたりして、道を作ったり土盛りをしたりした。

　石斗の辺りは石がほとんど出なかった。砂もかいて平らにすると終わった。お宮さんの北側のような砂丘地は残しておいて後で開墾し、1反5畝ずつ分けた。砂丘の砂はダンプで運び、中里の砂工場へ売った。4年目ぐらいから畑に土を入れてもらった。牛車を持っている人に頼んで石堂山の下から土を運んでもらった。客土費の関係で、1反ずつ土を入れたかどうか検査があった。土を積んでおいて検査を終えると、その土を次の畑に積んで、1反分の土を入れただけで、2反分のお金をもらって生活費に充てなければならない人もいた。イモが4年目あたりから少しできるようになってきた。

　土地の配分は、初め5反、二次で3反、三次で2反、増反分 1.5 反、やめていった人の土地を分けて2反、計1町3反5畝、二次配分の後、水田を分けて2反を追加した。石斗地区は白池の水田、中里は長池の水田を分けた。土地は各所に分散していたが一か所にかためた。

【開拓の苦労】

　痩せ地で肥料がなかったので、モクを集めたり肥汲みに行ったりした。肥は福江中学校まで汲みに行った。畑の肥だめに入れておき、腐らせて肥料にした。鶏や豚を飼って肥料を作った。鶏は30～50羽、餌はからこ(ふすま)、米糠、ニシンカスを与えた。

　伊勢湾台風で鶏舎が潰れて困った。豚は一頭3,000円の1年償還を受けて2頭飼い、子豚を育てた。大きい子豚は売り、残りを5、6頭育てた。牛は1万円の5年償還の融資を受けて、仔牛を1頭飼った。

　畑地灌漑は昭和28年にポンプを買い、スプリンクラー1セットを設置して行った。畑灌融資ということで農協が肩代わりし 15年償還だった。2反について井戸1本を掘り、井戸水を汲み上げて利用した。

　作物は当初は冬作が麦、夏作がサツマイモだった。→サツマイモを中心に落花生、馬鈴薯(ジャガイモ)、野菜類、カボチャ、黒サンド豆(インゲン豆)→カンラン(キャベツ)、トウモロコシ。温室はトマト→メロンへ。黒サ

西山開拓地の牛耕風景　田原市博物館蔵

昭和34年の伊勢湾台風で全壊した農家　西山地区蔵

ンド豆は麦の間に作り、東京へ出荷した。一貫目（3.75 kg）が福江で100円の時、東京まで持って行けば200円になったので、輸送費を差し引いても割がよかった。

【生活の様子】

配給で食べるものが少なくて困った。開拓の当初は1人で来ていたので、特に大変だった。フナ、タニシ、ウナギ、アカガエル、ヘビなど何でも食べた。ウナギは川に竹の筒を仕掛けて捕った。ハマボウフウやセリを吸物に入れたり湯がいたりして食べた。

【子供たちに伝えたいこと】

どんなことがあっても二度と戦争をやらないことだ。開拓の難儀は戦争の難儀からみれば問題にならない。戦争だとすべて焼けてなくなってしまう。戦争は怖い。開拓の苦労は自分一代で済んだ。これからは君たちの時代になる。勉強は自分持ちだからしっかりやって頑張ってほしい。

真野　宗保（石斗4班）

【西山へ来たのは】

昭和21年5月11日にトラック3、4台に乗って小中山へ来た。荷物はふとんや身のまわりの物だけだった。岡崎の追進農場で1か月間訓練を受けて来た。一宮市から単身で入植した。入植の条件は、家族で来ることと資金3,000円だったが、1人であっても結婚して家族ができるあてがあればよかった。120人が入植したが、中には17歳の人もいた。

昭和21年1月16日復員した。海軍でトラック島にいた。空襲で家は焼けてしまって、闇市で商売をしてみたが、目処が立たず確実な仕事をしたかった。兄が開拓へ申し込んでいたので、私もやってみようかと思い、市役所で申し込んだ。弟も2月5日に復員して申し込んだ。妹2人は名古屋で勤めていたので残り、母も残った。

兵隊で南洋開拓の様子を見ていたし、イモやトウモロコシを焼き畑で作っていたので、開拓はできると思って来た。

【開拓の仕方】

まず中里を1か月間共同開墾した。そこの松は60cmほどですぐに抜け、砂利も小さくチガヤが少し生えているぐらいだったので、割合簡単に開墾できた。小中山から弁当の握り飯2個を持って歩いてきた。来るだけで腹が減るので小屋を作った。

道具は唐ぐわとかま。蕃小屋は松の丸太の柱に麦わらの屋根と壁だったので、雨が漏ったり風で屋根が飛んだりした。床は丸太を隙間がないように並べ、麦わらを敷きむしろを敷いてふとんにくるまった。小屋を補強するために、試砲場からトタンや材木を運んだ。

生活用水は1～1.3m掘ると井戸水が出たので困らなかったが、雨が降ると濁ることがあった。風呂はドラム缶の風呂で、五右衛門風呂のように板に乗って入った。

共同では能率が上がらないので、8～9月ごろ土地を個人に分けた。部落や班の希望をとり話し合って決めた。石斗は石堂山のふもとだから、中里は真ん中だから、穂波は稲穂が波打つように作物が良く実るようにと名前を付けた。穂波は砂利が多い所だったので、3反（30a）余分にあげるということで、話し合い納得してもらった。土地（農地）分けも話し合って決めた。どうして

も決まらない時はくじ引きをした。石斗の宅地を決める時、農地は伊良湖村にあっても、宅地は福江町地内に決めた。田中支隊長が掛け合い、行政上別々にならないように配慮してくれた。第一次土地配分で、宅地に近い所に5反ずつ畑を決めたが、中里1、2班は風を恐れて大きな木のあった所にかたまった。中里3班も風を避けてかたまった。その他は畑の近くに家を作った。

自分の畑の開墾は、蕃小屋から通う人や、自分の所（現住所）に松丸太に松葉の屋根という小屋を作ったりして行った。

石斗は土地が肥えていたが、洪水の時の水の溜まり場だったので、雨のたびに水がついた。昭和28年4月ごろ白池を砂で埋めて田を作った。当時はヨシやガマが生えた湿地（沼地）だった。稲はよくできたのに、台風13号による潮の逆流で一瞬のうちに塩害でだめになった。塩水の流入で家の前でもフナが死んで浮いていた。排水路と海岸堤防ができてからは水害が減った。

松の木の地上部分は伊良湖の人が切って持って行ったので、残った根を掘った。のこぎりで根を切り、てこの原理を応用して1日に5〜8本ほど抜いた。抜根の方法としては、火薬で爆破する火薬抜根、電気を流してやる電気抜根、トラクターによる抜根といろいろあったが、費用がかさむので結局手作業でやった。根は瓦を焼く燃料として瓦屋に売った。

【開拓の苦労】

畑が砂のため焼けるので、客土することになった。昭和26年の夏、石堂山の土や亀山（岡山）の土を畑に3cm入れた。その土の交渉に行った。

畑への灌漑は天水が頼りだった。水をかけたこともあったが、追いつかなかった。イモが1反40kgぐらいしかとれなかった。畑を肥やすために草を刈ったり海藻を集めたりして畑に入れた。海藻は集めて海岸で少し干して1kmほどの道を歩いて運んだ。海藻のモクやギンバソウは濡れていれば重いし、乾きすぎるとガリガリになってしまう。

昭和24年に豚を飼った。2頭→種豚を買い3頭になる→子豚が生まれ10頭ぐらいになる。肥料が配給であったが足りないので、家畜の糞は大切な肥料だった。昭和24年までにアヒル・ウサギ、10羽ほどのニワトリも飼った。卵は一個18〜20円でいい現金収入になった。餌は小麦の殻（ふすま）だった。

配給だけでは食糧が足りないので、芽の出た後のしわしわのイモやカボチャを福江まで歩いて買いに行った。芽が出た後のイモは用済みだったので、安く買えた。

作物は夏作としてソバ・アワ・キビ・米・サツマイモを作り、冬作は麦→3年目からは夏作がサツマイモ、冬作は麦→落花生・ジャガイモ・スイカ→ダイコン・エンドウ→カンラン・スーイートコーン。

長池に陸軍の兵隊が作っていた田が5、6反あったので、昭和21年から3畝ずつ分けて米を作った。ジャガイモは北海道や段戸山から種イモを取り寄せて作り、5月に早出しをした。小粒でも早出しだと売れた。昭和26年7月にトラック3台分のスイカを名古屋の枇杷島市場まで運んだこともあった。「岬すいか」として人気があった。エンドウは矮性のつるなしエンドウで3〜4月に収穫、つるなしなので麦稈を利用した。昭和

25、26年に7坪や10坪の温室が10棟作られた。インゲン豆を作ったこともあった。

畑地灌漑は地下水を利用して井戸からポンプで汲み上げてやっていた。石斗地区は豊川用水以前の昭和41年から何軒か共同でやっていた。

昭和27年3月に雹（ひょう）が降り10㎝ほど積もった。麦や菜種が打たれて倒れた。温室のガラスも割れた。飴玉ほどの雹が降り、防風林の中にいた鳥も雹に撃たれて何羽も死んだ。ただちに飯ごうに雹を集めて農政局に陳情に行った。課長が京都に出張していたので京都まで行ったが、雹はまだ溶けていなかった。県庁で実情を説明し、フレームの修理費や食料用のジャガイモの購入について資金援助を要請した。

接収問題では大反対で東京へ陳情に出かけた。伊良湖の港湾視察に来ていた広川農林大臣に、その足で事情を知ってもらうために西山へ寄ってもらい、農地以外には使わないと確約をとったり、豊橋で開拓者の大会を開き大会決議をするなど応援をしてもらったりした。3回上京し開拓をやらせてほしいと陳情して回った。

昭和37年の集中豪雨　西山地区蔵

昭和37年7月、興津の試験場見学の帰りに集中豪雨で帰れなくなり、基地農場に一泊した。陸上交通が麻痺していたので蒲郡から海路伊良湖へ戻った。その時には水が県道を切って流れ込んできて水浸しになっていた。

【生活について】

家は粗壁で柱と壁土の間に隙間ができ、冬風が吹き込んでとても寒かった。ふとんの首のところに服を突っ込んで寝た。子供は上の子が下の子のお守りをし、よく手伝いもした。昭和24年5月電灯がつき、ラジオも聞けるようになった。それまでは石油ランプを使っていた。

昭和26年10月16日に開拓5周年を記念してお祭りをし、餅投げ、子供相撲、弁論大会、村芝居をやった。今でも第3日曜がお祭りになっていて、子供相撲や餅投げをする。

【子供たちに伝えておきたいこと】

開拓前の西山がどんな土地だったのか、開拓を始めたころの社会の様子や私たちが開拓でどのようなことをしてきたのか、どのような苦労を乗り越えてきたのか、西山の歴史をみんなに知ってほしい。そして忘れないようにして君たちにしっかり生きてほしい。

お わ り に

　馬草から船に乗り蒲郡の花火大会に出かけた手記を読みました。船は身近な移動手段でした。そういえば、若い頃職場で年配の上司から聞いた話を思い出します。昔は、福江から田原まで書類を届けに自転車で出張したそうです。でこぼこの砂利道をえっちらおっちらと一日がかり。仕事が終わるといつもの店で元気をつけて帰るのだけれど、帰り道はすっかり暗くなっている。時々、砂利道にハンドルをとられては転んだそうです。馬草辺りで転んだ時には疲れてとうとう動けなくなり、しばらく夜風に吹かれて星空を仰いでいたというのです。半信半疑でしたが、「冬の日や馬上に氷る影法師」その昔、愛弟子杜国に会うために宇津江坂を越え、保美まで田原街道を旅した松尾芭蕉の姿と重なります。渥美半島では、陸上交通の不便な時代が、とても長く続いていたのです。

　戦後、急速に発達した自動車はとても便利で、人々のくらしや生活に大きな変化をもたらしました。道路が整備され、すっかり車社会になりました。そして、EV が走り始めた今、自動車業界では「百年に一度の変革期」が来たともいわれています。IT が進化し、自動運転や空飛ぶ車など新たな移動手段も模索される時代になりました。子供の頃、テレビ漫画で見たスーパージェッターの「流星号」を思い出します。どこにでも自由に連れて行ってくれる、そんな夢のような未来社会が、もうそこまで来ているのかもしれません。

　本書を発刊するにあたり、諸先輩の方々から多くのご賛同をいただき、今回、故郷を離れておられる方からも手記をお寄せいただくことができました。さらに、西山開拓者8名の貴重な証言も本書に集録することができ、心より感謝、お礼を申し上げます。

　写真掲載にあたり田原市博物館並びに鈴木康仁氏、また「西山の開拓」掲載にあたっては、小久保豊氏並びに真野多正氏にご協力いただき、重ねてお礼を申し上げます。

　今後も、失われつつある記憶を手記に残すことで歴史を振り返り、自分たちの郷土の魅力や先人たちの暮らしぶりを再認識し、郷土への哀愁だけでなく誇りや愛着を深めてまいりたいと思います。田原市における戦後のくらしの様子を書籍として発刊し、未来への礎としていきたいと思いますので、ご支援・ご協力をお願いいたします。

2023 年 6 月
渥美半島の昭和を記す会

渥美半島の戦後
－失われつつある記憶を次世代へ繋ぐ－

2023年6月2日　初版第1刷発行

編　　集　　渥美半島の昭和を記す会
編集委員　　藤城　信幸／三竹　清一／南屋巳枝子
発 行 者　　山本　真一
発 行 所　　シンプリブックス（株式会社シンプリ）
　　　　　　〒442-0821　豊川市当古町西新井23番地の3
　　　　　　TEL. 0533-75-6301 FAX. 0533-75-6302
　　　　　　https://www.sinpri.co.jp